司法書士自治を考察する

本当に自治は必要か
何のために　誰のために

喜成清重　著

民事法研究会

推薦の辞

日本司法書士会連合会の最重要課題は、いつの時代においても、司法書士制度の基盤整備と司法書士の業務拡充などを目的とした司法書士法の改正と承知している。

令和五年の第八八回定時総会においては、いわば令和の「司法書士法改正大綱」についてご承認をいただいている。

この「司法書士法改正大綱」を策定するにあたっては、二回の意見照会を行うなど広く会員からの意見を募集しているが、平成二三年二月二三日の第七三回臨時総会において承認されたいわば平成の「司法書士法改正大綱」に盛り込まれていた『懲戒権限の獲得』については、盛り込まれるに至らなかった。

平成の「司法書士法改正大綱」の補足説明によれば、自主懲戒権が必要な理由は、司法書士の自治に不可欠であるからであり、それは、法律専門職としてのプロフェッション性に起因するとされている。すなわち、プロフェッションとしての役割を十全に果たすためには、国家権力からの干渉を受けずに、高い職能倫理に基づき行動する必要がある、と説明されている。

二回にわたる意見照会においては、『会員の懲戒に関する規定』に関する事項を盛り込むべきか否かについて、司法書士会の意見は二分された。既述した理由により、強くこれを望む意見があった一方、「自主懲戒で国民からの理解が得られない」「会の負担は多大で、適正な懲戒権が行使できる現状にない」「刑事事件に関する代理権がない以上、国家権力と対峙することはできない」などといった否定的な意見も多く、評価が分かれた。結果として、引き続き検討は行うものの、見送られることとなった。

今般、日本司法書士会連合会の名誉会長である喜成清重先生が、『司法書士自治を考察する』という書籍を出されるということで、私が、いや、おそらく司法書士改正対策部のメンバーや、司法書士法改正について議論いただいたすべての会員が、強い関心を持ち、しかしながら明確な結論が出せずに思いを逡巡されていたであろう、根源的な問題について、多くの示唆を与えてくれることだろうと、大いに期待した。

期待どおり、喜成先生らしい、歯に衣着せぬ考察が自戒と覚悟を突き付けてくる。

また、諸外国の法律家制度との比較も興味深い。

司法書士による自治に焦点を当てた書籍の発刊は、おそらく司法書士制度の歴史上初めてであろうし、司法制度改革の時代に日本司法書士会連合会会長を務められた喜成先生による考察は、極めて刺激的であり、様々な議論を呼び起こすこととなるだろう。

そして、その議論は、令和元年の司法書士法改正により明確となった司法書士の使命の意味を改めて根底から考察することに繋がり、すべての会員が、改めて司法書士の使命を自覚することに繋がることとなることを期待したい。

令和六年一一月

日本司法書士会連合会会長

司法書士　小　澤　吉　徳

はしがき

司法書士法五条一号の規定を深化させ、司法書士自治を考え、その存在意義を明らかに！

司法書士法五条一号には、司法書士資格を有していた者で犯罪行為などを行ったことによって、司法書士資格を奪われた者（「禁錮以上の刑に処せられ、その執行を終わり、又は執行を受けることがなくなつてから三年を経過しない者」）は司法書士となる資格を有しないと規定されている。

この規定は、禁錮以上の刑に処せられ、その執行を終わり、又は執行を受けることがなくなってから三年を経過した者は、司法書士となる資格を有することとなると読み取ることができる、とするのが通例と思われる。

この規定を受け、禁錮以上の刑に処せられ、その執行を終わり、又は執行を受けることがなくなってから三年を経過した者は、司法書士登録申請を日本司法書士会連合会に行うことにより当然に司法書士登録を受け司法書士となるのが通例である。

しかし、日本司法書士会連合会は、例外なしに、直ちにこの見解を採ってはいない。

日本司法書士会連合会は、司法書士としての職務上の非違行為により、著しい被害を依頼者に与えた者、あるいは市民社会の信用を著しく失墜させた者は、国民への被害再発の防止と、司法書士の信用保持のため司法書士界から事実上の永久追放であると解釈し、これを実践している。

その目的とするところは、国民への被害再発の徹底防止に基本がある。そのことにより、司法書士資質の維持と司法書士への信用を保持し、もって国民の平穏な日常生活の実現させることにある。

日本司法書士会連合会は、以上の想いにより、著しい業務上非違行為者の登録申請については、司法書士法五条一号の要件を備えた者であっても、その登録申請拒否を決定している。

この日本司法書士会連合会の見解は、法務省・最高裁判所においても支持されている。

こうした考え方のよって立つところと、歴史的経緯を著すことは司法書士自治を考察する際には、極めて重要であると考え、自治について考察し小論を著すこととした。

併せて、司法書士の自主研修と司法書士倫理規範の制定を加えて考えたい。

登録拒否問題・自主研修・司法書士倫理の制定を三本柱として司法書士自治について考えることとしたい。

その上で、自らを自戒することの意義と重要性を自覚し、司法書士の社会的役割を確認し、司法書士自治を考えることをとおして、その存在意義を明らかにしたいと考える。


筆者は、法律家自治、司法書士自治の実現を求めて活動し続けてきた。

今、そのことが誤りであったとするわけではないが、司法書士自治がなぜに必要であるのかの根源的問いかけをしながら、あるいは、真に自治がなぜに必要なのかの認識をしながら、これらを根底に置きながら、それらのことを理解したうえで自治の拡充実現を求めてきたと明言できるのであろうか、との思いがある。

日本司法書士会連合会会長職を務めた者として、今、反省を込めて言えることは、それは必ずしもそうではなかったということである。

全国青年司法書士連絡協議会会長・日本司法書士会連合会会長として、幾多の司法書士制度に関する事業、及び司法書士法改正に関わってきた。

関わることが自らの人生の生きがいでもあり誇りでもあった。

それは自らの誇りとするところでもある。

今、この小論を著すにあたり、振り返りと、自らの至らなさを想起しながら、自らの司法書士人生と重ね合わせながら、司法書士自治について検証し直しながら、改めて司法書士自治について語り、司法書士を語りたいとの思いに駆られた。

法律家団体に自治は本当に必要不可欠なものなのか、どのような理念に基づき、どのようなときに、何を行うに際して必要なのかが突き詰めて議論されてきたことがあったであろうか。

自身において、突き詰めた議論を行ったとの自覚はない。

突き詰めた議論は必要なかったのであろうか。

もちろん司法書士として活動する際に必要とされているのであろうが、本当に自治が必要不可欠なものであるのかとの問いかけを行いながらの行動ではなかった。

自治は勝ち取るものではあると言われることがある。

が、誰から勝ち取るとするのか。

自治権の侵害と問題視され議論されることがあるが自治権の侵害の何が問題なのか。

誰からの自治か、国家権力からの独立を指すのか。

社会のあらゆる勢力からの干渉を受けないことが自治ではないのか。

自治について論じられるときに、懲戒の有無が必ずといって取り上げられるが、自治の骨法が懲戒権の有無なのであろうか。

身内の非違行為を糾弾し処分するのは当然だが、国民にとって非違行為を糾弾し処分する権限を有する者が、所属団体か国家権力かでどんな差異があるというのであろうか。

重要なこと、大切なことは、適正な補償の実施と、再発の防止のために、確実適切に適度な懲戒実施を確保した上での再発防止の実現にあると考える。

懲戒事案が続発し、国民に甚大な損害を与え続けている者を抱えている団体に懲戒権保持は不要・不適切であるばかりでなく国民にとっては迷惑でさえあるといえる。

処分権者が誰であるかは、国民にとって興味があることなのだろうか。

所属団体ではなく、国家権力が、処分権者であることに国民にとってどんな不都合があるのか。

それが団体自治が必要とする議論と何がどのように関係するのか。

自治について、根源的議論を行い、結果として団体合意がなされていない状況において、法律家団体に懲戒権は必須であるとするのは間違いであり壮大な勘違いであるといえる。

このことは本編で紹介する諸外国の法律家制度を見ても明らかである。

民主主義国家の特徴とは、単に選挙により、政治家を選出するということにとどまらず、国（行政権力）があるゆる社会的分野を支配するのではなく、主権者たる国民が主体的に社会の物事を取り仕切っていくことにあるといえるのではないか。

日本が民主国家といえる由縁は、国家がすべてを取り仕切る専制国家ではなく、民間が、自由に活動することが確保されている点にあるともいえる。

民間団体の活動の活性化が、社会全体の活性化につながり、民主主義の確保につながると考える。

一方、資格者団体に自治が許容されるのは、社会の資格者団体に対する信頼の反映であり、資格者団体への自治の許容は社会の安定に貢献するためのものであるといえるのではないだろうか。

社会の安定は、法の光が社会の隅々まで行き届くことによって実現する。

法の光が社会の隅々まで行き届くためには、国の努力だけでは決定的に不十分であり、各法律資格者団体が自覚をもって、法の光を社会の隅々まで行き届かせる役割を果たさなければなければ実現しない。

この自覚と覚悟なくして真の法律家自治はあり得ないと考える。

民間が自らの責任と判断で行動する。自己責任が言える社会の実現に寄与することが法律家の使命である。

国家権力がいちいち関与しなくとも各法律資格者団体の行動により自主的に社会の安定に寄与することに便宜であるに過ぎないから自治が容認されている、というのは言い過ぎであろうか。

「自治が必要」とは法律家の自己満足のための欲求・願望に過ぎないのではないか。

決して、法律家自らが社会的使命を完全に果たせていない、言い訳であってはならない。

自治の本質は、何か。

権力との対峙に自治が必要は言い逃れでしかないのではないか。

必要なのは覚悟ではないか。

権力とは何ぞ。権力者とは国家権力だけか。

自治権能を有する団体はいわゆる権力者ではないのか。

これらのことを頭に浮かべながら、否、根底に据えながら、司法書士自治について考えて、そのことをとおして、司法書士の存在意義を問うこととしたい。

令和六年一一月

日本司法書士会連合会名誉会長
司法書士　喜成清重

『司法書士自治を考察する』目次

目次

目　次

目次

前章　法律家自治制度を概観する

司法書士自治制度を考察する前に、我が国における代表的民間資格者である、司法書士・弁護士・税理士制度の自治制度を概観し、考察の初めに日本における法律家制度の自治に関する現状を概観したい。

司法書士制度のみでの考察ではいささか、考察の視野が狭すぎるのではないかと考えるからである。

三者の比較により、自治制度全般がより見えてきて、より客観的に司法書士自治を考察できると考えた次第である。

ただし、全くの概観でしかなく、しかも正確さをも欠くものであることを最初にお断りしておきたい。精密な比較検討をしていただける方の現れるのを待ちたい。

◎資格者自身に関する規定

【会則遵守義務】

司法書士　あり

弁護士　あり

税　理　士　　あり

【業務内容の法律上の規定】

司法書士　　あり

弁　護　士　　あり

税　理　士　　あり

◎**組織に関する規定**

【会設置義務規定】

司法書士　　あり

弁　護　士　　あり

税　理　士　　あり

【会則制定権】

司法書士　　司法書士会、日本司法書士会連合会（ただし一部国の承認が必要）

弁　護　士　　弁護士会、日本弁護士連合会

税　理　士　　国の承認

【会則認可権限】
司法書士　国（ただし認可不要条項あり）（日本司法書士会連合会の意見聴取）
弁 護 士　日本弁護士連合会
税 理 士　国

【連合会会則認可権限】
司法書士　国（ただし認可不要条項あり）
弁 護 士　日本弁護士連合会（ただし最高裁判所への報告義務あり）
税 理 士　国

【国に対する総会決議報告義務】
司法書士　なし
弁 護 士　なし（ただし日本弁護士連合会への報告義務あり）
税 理 士　あり

【国による総会決議取消権】
司法書士　なし

弁　護　士　　なし（ただし日本弁護士連合会に取消権あり）
税　理　士　　あり

【登録団体】
司法書士　　日本司法書士会連合会
弁　護　士　　日本弁護士連合会
税　理　士　　日本税理士会連合会

【登録前研修制度】
司法書士　　日本司法書士会連合会
弁　護　士　　国
税　理　士　　なし

【懲戒権限者】
司法書士　　国
弁　護　士　　弁護士会（ただし懲戒手続きに関する規定は法によって厳格に定められている）

税理士　国

【国の一般的監督権限規定】

司法書士　なし

弁護士　なし（ただし最高裁判所が必要と認める場合には、日本弁護士連合会にその行う事務について報告を求めることができる）

税理士　あり

【会員指導・監督権】

司法書士　指導権あり

弁護士　指導・連絡・監督権あり

税理士　指導・監督権あり

【登録抹消権限】

司法書士　あり

弁護士　あり

税理士　あり

【登録拒否権】

司法書士　あり

弁　護　士　あり

税　理　士　あり

【資格審査会委員選任】

司法書士　日本司法書士会連合会（ただし国の承認が必要）

弁　護　士　日本弁護士連合会会長

税　理　士　税理士会（ただし国の承認が必要）（政令による規定あり）

一章　自治とは

1　自治とは

自治とは、自らの行為・行動を、自らの意思と判断で決定し、これを実践すること、として考えを進めることとしたい。

自治について論じるに際し、懲戒権の有無を焦点にされる向きがあるように思われるが、筆者がこのような感じを受けていることは間違いだろうか。

筆者も、懲戒権の有無が自治を論じる際には重要な項目である、とすることに特段の異論があるわけではないが、自治とはそのような限定された範囲のみの問題ではないと考える。

むしろ、懲戒権限の存在あるいは、有無・範囲の問題は、自治の範囲の広い部分あるいは主要部分を占めるものではないと考える。

資格者団体自治の態様については以下の段階があると思われる。

(1)　入口論　誰をどのような基準で団体入会資格者とするのか。
(2)　実体論　組織入会判断権者、入会者管理は誰が行うのか。
・団体運営の担い手は誰なのか。
・団体をどのように運用するのかの判断権者は誰なのか。
・団体意思決定の権力供給者は誰なのか。
(3)　退出論　団体から排出させる判断、手続きは誰が行うのか。

そして、団体自治の議論の根本には、どのような資格制度・団体を創設するのか、存続させるのか、廃止させるかの判断を誰が行うのかという問題がある。

例えば、司法書士と称する資格を定め、司法書士と称することを認める権限は誰が有するのか。これが入口論である。

また、団体入会資格を論じるときに、その者に、入会時に研修を施すものは誰なのかも重要な論点であると考える。

共に民間法律資格である弁護士については、国が、司法試験を実施し、司法試験合格者に、国が研修を義務付けて国が研修を実施し、国が設置した司法修習所での研修が必須となっている。

この司法修習所の卒業試験に合格することが登録要件となっている。

修習生への給料の支給を含め修習に関する費用は国がすべて負担しているばかりではなく、どのような修習内容・事項について修習すべきかもすべて国が決定し、実施している。

弁護士の入会時の資質に関わる研修のすべては、弁護士会ではなく、国によって完全にすべてが行われているのである。

司法書士の場合には、法で明定されてはいないが、日本司法書士会連合会（以下、「連合会」という）が定めた入会前研修受講が必須となっており、事実上の登録要件となっている。

費用についても、国に一切の負担を求めることなく民間団体であり主催団体である連合会と受講者がすべてを負担している。

当然とはいえ、その研修科目内容も、規模も、講師の決定等のすべては連合会が決定し運営を行っている。

つまり、後輩が国家資格試験に合格した上で、資格付与を受けた後、司法書士としてどのような資質を、より高めるべきかを司法書士団体自身が考え、その考えを登録前研修として実践しているのである。

司法書士のほうが、弁護士などに比して自主的に研修事業を行い、実践していることは明らかである（弁護士会による事前研修制度は行われてはいないので比較対象とはならないという考え方がある。弁護士界には後輩を育てるという自治は存在していないのである)。

これが実体論の重要な一部分であることに異論はないと思われる。

さらに、司法書士登録は、連合会が行っているが、登録拒否についても、冒頭で記したとおり、司法書士法五条一号規定の通常解釈をより厳格に解し、登録権限を行使している。

このような一見行き過ぎとも見える登録に関する解釈は（後で詳細に触れることとする）民間団体の権限行使であるから可能なのであって、国にあってはなし得ないと考えるがいかがであろうか。

これも退出論の重要部分である。

加入者を当該団体から排出することは団体自治の重要部分であるし、加入者にとっては排出されることは、著しい名誉棄損であるだけではなく、時に死活問題ともなる。

さらに根本の問題として先に指摘したように、司法書士・あるいは弁護士・税理士等という制度を定める権限はどこにあるのかが問われる。

とはいっても、国による立法以外に、資格制度を定める方法は我が国においては存在しない。

法定団体・法定資格として認められるということは、とりもなおさず、国民の代表者である国会によって初めてその存在と、ありようが認められるということであり、このことは自明のことである。

こうした根本問題を排除して自治を語ることなどあり得ないことである。


法律家が自らを戒めることは必要である。

それは、それを怠れば、法律家の非違行為が国民に重大な人権被害を被らせることになるばかりではなく、自覚するか否かを問わず、法律家の社会的使命没却が、健全な市民社会の発展を阻害するからに他ならないからである。

しかし、このことからのみ直ちに資格者団体に自治が必要とはならない。

諸外国の法制度によるまでもなく、法律家団体が自らの構成員の非違行為を自制し、市民社会に被害・損害を与えてはならないことなど、論を待つまでもなく、あまりにも当然のことであり、自治権の存否・有無には何ら関係のないことである。

自治権がないから（すなわち懲戒権能がないから）自らの団体構成員の非違行為を自制できない等ということはまさに論外の理屈であり、とんでもない誤りであり、無責任な主張であると断じざるを得ない。

こうした考え方はありうべきではなく、こうした考え方は当然に許されるわけがない。

当たり前のこととして、法律家は非違行為を行ってはならないのであり、このことと懲戒権の有無とは何らの関係性もない。

自治について検討し自治の概念を完成させることが本書の目標であるが、論述の入口である冒頭においては、とりあえず「自治」とは、自らの行為・行動を自らの判断と意思で決定し、これを実践することとして考えを進めていくこととした。

論述を進めることにより、正しい自治概念が明確になることを期待したい。

2　自治を求める根拠はあるのか、あれば それは何か

自治を求めることは、あるいは本能に近いものなのかもしれない。その意味では自治を求めることを否定するものではないが、自治について語られるとき、自治についての深い検討もせず、憧れにも似た気持ちで、明確な目的意識もなく責任の自覚もなく、自己満足的に自治を望む傾向があるのではないだろうか。

自分のことは自分で決めたい、との欲求や想いは自然と湧き出てくるものである。

人間が人間であることの根源的欲求と言ってよいものである。

このような、自然人としての自我の主張は肯定されるべきであり、これを、他者が、いかなる権力者であっても、これを制約することも否定することもできないし許されない。

自我の主張は自然人に固有の権利である。

自我の尊重は、個人の尊厳の尊重の表れである。

自己決定への意欲、意識は重要である。

自己決定権があってこそ、基本的人権を観念することができると思われる。

自然人の自己決定権の存在こそが民主主義社会の根源である。自我の主張は本能といえる。民主主義社会の成立には、自我の自由な主張の権利の存在が最重要であり、自我の存在を肯定することが民主主義の根底であるといえる。

しかし、資格者自治・団体自治を論じるに当たっては、自然人の自我の肯定の問題と、ここで論じる団体自治とは全く異なる次元・世界のものであることを最初に理解をしておく必要がある。

自我の想いと、自治との違いを明らかに整理し、論述を進めていくことが必要があると思われる。

自我は自然人に固有のものであり誰からも奪われることのない権利、人権の根源として、認められるものである。

これに対して、法定化された資格制度（国の立法によって定められた制度）における資格者の自治、資格者団体の自治は当然のものとして認められるものでもなく、当然に存在するものでもない。

なぜなら法制度により制定された資格である以上、その存在自体、あるいはそのありよう（名称・機能・権能・職務のありよう・職責等）は法によって定められるのが本来であるからである。

これが本則であるにもかかわらず、資格者が自治を求める理由、認められる理由は一体何かを明らかにする必要があると考える。

その理由は、すべての資格者・法定団体に共通のものなのか、あるいは法律職能資格者にのみ認められるものなのか、法律資格団体にのみ認められるものであるとすればその理由は奈辺に求めることができるのかを明らかに意識され整理されるべきではないのか。

ここでは、司法書士自治を考えるので、法律職能自治のみを検討対象とする。

3　司法書士が自治をあるいはその拡大を求める理由

司法書士が自治の拡大を求める理由は、自らの司法書士としての誇りであり、自治の拡大が、司法書士がより社会に貢献し、貢献できるとの思いの発露とその責任の自覚にある。

司法書士は、自らの判断で活動できる範囲の拡大が、社会貢献拡大への道であると信じるがゆえに、職務範囲の拡大と自治権能の拡大を求めてきた。

司法書士自治を論じるには改めて、法律家司法書士の使命・効用とは何ぞやを問わなければならない。

このことを明らかにした上で、初めて司法書士自治のありようを見出すことが求められ得ると考える。

現代社会では様々な職業人・資格者が、社会貢献を行って存在している。

当然ながら、一人、法律家司法書士のみが社会貢献を行っているのではない。

法律家の独りよがりは許されない。

様々な職業がある中で、法の光をこの国の隅々にまで、あまねく届かせ、国民が人として生きていくことができる社会づくりに貢献することを責務とする法律家としての責任を明確に自覚し、法律家が特にその存在の重要性、あるいは必要性を明確に意識し、その存在意義を鮮明にして、それを社会に認められることにより初めて法律家自治を語ることができると考えるがいかがであろうか。法律家が果たすべき社会貢献・使命とは何なのかを明確に意識して活動を行っているであろうかを、常に意識する必要があるのではなかろうか。

司法書士は、この自覚の上で様々な活動を行ってきたといえる。

その法律家司法書士の特性とはいったい何のなのかを明らかにする必要がある。高度の専門性の保持が言われる場合があるが、高度の専門性は、それぞれの分野すべてにおいて求められるものであり、司法書士等の法律家にのみに求められるものではないことは明らかである。

現代社会はあらゆる分野の高度な専門性の上に成り立っていることは改めて述べるまでもないことである。

特に現代社会における様々な分野での高度の専門性の発展は、法律家のそれを遥かに凌駕しているように思える。

高度の専門性の有無が自治の必要性とは必然的につながるものではないと考えられる。

司法書士自治を考えるときは、団体自治と個々の司法書士の自治の両面あるいは、双方を考えるべきである。

団体自治と個々の司法書士の自治の関連あるいは兼ね合いをどのように整理すべきか。

個々の司法書士自治が必要であるがゆえに、団体自治が必要と思われるが、その理由を明らかにしていきたい。

個々の自治なくして、団体自治はあり得ないのではと思われる。

それには法律家司法書士の特性とは何なのかについて答えを出す必要がある。

法の光をこの国の隅々にまで、あまねく届かせ、国民が人として生きていくことができる社会づくりに貢献することを責務とするのが法律家の基本的責務であり、その上で法律専門家として、法を駆使しての権利擁護、権利実現に尽くすこと、さらに法の不備を是正するための提言・立法活動を行うことも法律家としての特性として捉えることができるであろうか。

4　自治の実践には自治能力が必要である

自治を求める前提として、自治の実践には自治能力が必要である。

その自治能力の内容はいかなるものかを考えたい。

高い団体統治能力が求められる。

団体統治能力とは、具体的に挙げると、社会的責任への自覚、自治精神、財政能力、自浄作用能力、組織運営能力、組織管理能力、会員管理能力、執務実行能力、社会的要請に応える高い倫理性の保持とそれの実践、これらの能力をすべて備えなければ、団体統治能力があるとはいえず、団体の自主運営はできない。

すなわち自治権は認められることはない。

これらの能力の具備があって、司法書士の社会貢献が期待できるがゆえに司法書士に対する自治の許容があり自治の拡大の可能性があると思われる。

この点が、自治を考える肝ではないだろうか。

5　自治を生成し成長させる

司法書士自治は、決して与えられたものではなく、先人のたゆまぬ努力、苦闘により生み出され、積み上げられ、拡大してきたものである。

この点は後で詳しく見ていきたい。

司法書士自治は、先人の闘いの努力の結果の積み重ねにより生まれ、進化、成長してきたものであると理解しなければならない。


法律家団体に自治権が認められる有用性について考察する。

法律家団体に限らず、団体全般において団体意思の決定あるいは団体行動の決定は当該団体の判断で決定されるのが通常である。

しかし、その団体の存在根拠が法律によって認められるものにあっては、その存在目的により法律上の制限が加えられているのが普通である。

法律上の団体に自治権を認めるためには、自治能力を備えていることを前提としながら、自治権を認める合理性が求められる。

もっとも、国・行政は民間の活動にはできる限り関与しないことが民主主義国家として当然のことであり、民間活力の有効活用を狙う規制緩和の観点からもより求められることであるが、当該法律家団体に団体運営の根幹部分を委譲するには合理的理由・根拠が求められるのも又、当然であると思われる。

その合理的理由・根拠とは、個別団体ごとに異なるが、包括的に述べれば、当該団体を法律で設けた立法趣旨の実現への貢献に寄与することになることが挙げられる。

このことを検証するのは、当該団体の権限ではなく国会の権限である。国会の権能及び義務として、団体自治のありようについて検証されなければならない。

又、自治権が許容されるには、当該組織が自らの責任と負担において構成員の職業倫理や、業務能力の維持向上のための事業を適切に行う能力があることも認められる必要があると思われる。

自治権の保持は、自らを律し、自らの資質を維持向上させること、もって社会により貢献をしていることを社会に認められて初めて許容されるものである。

しかしながら、法律家の倫理観の喪失を疑わせる事態の続発が見られる、最近の状況では自治権の存在が社会に貢献することに役立っているとの評価が受けづらくなっているのではないか。

法律家は深く自戒する必要がある。

民主主義を基本に置いて運営される国家にあっては、国の基本システムは法律で定めるが、民間が果たすべきこと、あるいは果たすことができることはできる限り民間に委ねることが望ましいという側面もある。

国は国民に対し憲法二五条で定める健康で文化的な最低限度の生活維持保障を現実のものとする責任を果たしながら、国民の幸福追求権の確保の基本的役割を忠実に果たす責務があるが、一方、民間活力の有効利用による国民生活の活性化を図る責務もある。

国民が、生き生きと活動し、国民が自立しながら、自己決定権を保持しながら暮らしていくためには、あらゆる社会活動の主体は民間が果たすことが望ましいといえる。

団体自治の課題についても、資格者団体の見栄や我が儘に流されることなく、資格者団体の存在意義や社会的能力を冷静に評価しながら、資格者団体と国・国民との合意という社会的合意によるコントロールによって決められるべきものであると考えられる。

団体自治が前進し安定している時は社会秩序が安定している時と評価できる。

二章 司法書士その生い立ち

1 公事師と代書人

司法書士の存在が法的に認められ、その存在が公にされたのは、明治五年八月三日太政官無号達（司法職務定制）の第一〇章に次のように定められたことに端を発する。

第四一条 各区戸長役所ニ於テ証書人ヲ置キ田畑家屋等不動産ノ売買貸借及生存中所持物ヲ人ニ贈与スル約定書ニ奥印セシム
第四二条 各区代書人ヲ置キ訴状ヲ調成シテ其詞訟ノ遺漏無カラシム
第四三条 各区代言人ヲ置キ自ラ訴フル能ハサル者ノ為ニ之ニ代リ其訴ノ事情ヲ陳述シテ枉冤無カラシム

代書人（司法書士）は、代言人（弁護士）、証書人（公証人）と共に、その存在を日本で最初に公的に認められた、法律職能である。

初代司法卿江藤新平（佐賀藩の手明鑓の子として生まれ初代司法卿まで上り詰めた）の部下であり、明治期の民主化活動に貢献し、司法官僚であった神田孝平（後の兵庫県令）が訳した「和蘭司法職制法」（訳当時は文部省に所属していた）の第八条に資格制度について、「司法職の官員は代法士を除くの外訟師・状師・公証人『ソリシテウル』又は定まりたる官俸を受くる職務を兼務することを得ず」と規定し紹介されている。

ここに「状師」とされているのが代書人であると推測できる。

日本の法律家制度の淵源をたどればオランダ法制からの輸入といえる（さらにいえばオランダはフランスから継受したと思われる）。

ただ、江戸期における土地取引に基づく紛争を含め、紛争解決（奉行所における公事には公事師が機能することとなっていたばかりでなく、公事師の活動は公然と認められていた）の支援者として公事師が活動していた。

この公事師が司法書士の前身であることに間違いはない。

江藤新平や、神田孝平らが日本の近代化の先頭に立ち、司法制度を築き上げていったが、こうした中、当時公事師として活動していた者たちと代書人との直接の接点がうかがえない。遺憾ながら、この時代には、公事師・代書人が社会貢献を自覚・実践し、社会的信頼を勝ち得ていたとの痕跡は見出しがたい。

2　日本における弁護士の自治権の歴史

一方、明治五年司法職務定制によって代言人の制度も定められたが、この代言人においては訴訟代理に関する事務を扱うものであると位置づけられ、同六年太政官布告によりに発布された代人規則による職務は訴訟以外の場合における代理人の職を規定したものである、とするのが弁護士会の統一見解であると思われる（日本弁護士連合会『日本弁護士沿革史』七頁）。

現在と同内容の代理権であるかどうかは、詳しく分析する必要があるが、少なくとも本人に代わって法廷で陳述し、あるいは本人を代理して事をなしていたであろうことは代人規則や、その後制定公布された訴答文例さらには、代言人規則に明かである。一方こうした職務を行う、代言人が裁判所の厳しい監督下にあったことが裁判所取締規則や前述の訴答文例からも明らかである。

つまり、代言人時代であれ、弁護士時代であれ、自治権という考え方が全くなかった時代においても、代理人として活動してきたのが弁護士の歴史である。

弁護士は、その先輩の時代から、徹底的な官の監督下にありながらも、自律的な法律事務を行ってきたのであり、その活動の継続が評価され、昭和二四年に弁護士法改正が行われたのである。

三章　自治権獲得の歴史

1　法定団体への承認

制度を設けられた当初の資格者団体の渇望は、純然たる民間団体から、社会的認知を受けた資格者・法定団体への評価の高まりを認められることにあったと思われるがいかがであろうか。

法定団体として定められるということは社会的承認を得た団体とし評価されることとなると考えたからである。

「あなた方は社会的に認められている団体か?」

これは、筆者が連合会副会長時代に、フランスのノテールを視察した際の高等評議会のノテール代表が会談冒頭に我々に発した言葉である。

大正　八年四月一〇日　司法代書人法が制定され、司法代書人が誕生

昭和一〇年四月　二日　改正司法書士法が成立し、司法代書人から司法書士へと

名称改正

昭和二五年五月二二日　全部改正　新司法書士法

昭和三一年三月二二日　司法書士会強制加入

昭和四二年七月一八日　法人格の獲得

昭和五三年六月二三日　国家資格制度の導入

目的規定・職責規定の新設

昭和六〇年六月二八日　登録権の獲得

平成一四年五月　七日　簡裁代理権の獲得　法律家としての地位確定

令和元年　六月一四日　使命規定の新設

懲戒規定・法人規定の改正

認可制度から国家資格への願望の実現に伴いつつ、その過程において、自治についての希望の芽生えが生じたのではないかと思われる。

2　認可試験から国家資格へ

昭和五三年六月二三日、昭和五三年司法書士法改正は、司法書士を法務局長、地方法務局長による認可から、国家試験による資格付与制度へとその制度を根本から変革させた。

この時期、認可試験も全国統一問題で行われ資格試験類似の制度となっていたが、認可試験は認可試験であった。

認可により、司法書士となった、司法書士として活動された先輩各位が、自らの血の滲むような努力の結果により、後輩たちの資格を国家資格制度へと高められた活動には心からの敬意を表さずにはいられない。

国家試験組は、この先輩方への感謝の念をゆめゆめ忘れてはならない。

昭和六〇年六月二八日には、登録事務が連合会へ委譲される司法書士法改正が行われた。

登録事務が国から、民間団体である連合会へ委譲されるということは自治の観点から見れば特筆すべきことである。

登録事務が国から委譲されたということは単なる事務権限の委譲ではなく、司法書士の登録権限を連合会が持ったということであり、団体自治の飛躍的前進と評価されてよい。

この法改正に際しては、全国の青年司法書士で結成されていた全国青年司法書士連絡協議会（現在の全国青年司法書士協議会）（以下、「全青司」という）が法改正につき激しく反対運動を展開した。

全青司は、登録事務は連合会へ委譲するのではなく、各単位司法書士会に移譲せよ、登録審査会メンバーから法務省関係者を外せなどと主張したが実現には至らなかった。

しかし、この法改正には、これらの問題とは全く別の問題が浮上し司法書士界を二分した空前絶後ともいえる厳しい闘いとなった。

公共嘱託登記受託組織法人設立の話である。

当時は、公共嘱託登記については、各単位司法書士会におかれた公共嘱託登記委員会が受託活動を担っていたが、これが不十分であるとして、これを事実上廃止させ、受託組織を法人化させるという、法人設立の法改正の活動が行われたのである。

当初、法務省・連合会が構想していた受託法人組織の能力は司法書士業務と土地家屋調査士業務の両方を行うことができる法人であり、かつ、組織中央が全国すべての地域の公共嘱託登記を受託できるというものであった。

さらに、各地の公共嘱託登記受託組織法人は必ずしも各司法書士会のコントロールを受けるものとはされていなかった（もっとも、両資格を統一した能力を持つ法人設立構想は早期に断念されたようだ）。

筆者は、全青司の活動理念は司法書士の未来を考え、築くことにあると考えていたし、今もその理念に変わりはないものと信じている。

しかし、筆者が全青司会長時代は、この理念のためのみの活動に全力を注ぐことはできなかった。

その理由は、当時の連合会が司法書士界を二分することになるであろう、極めて重大かつ深刻な問題のある法人の立法化に対し政治決断をし、その実現に向けて活動をしていたからである。

全青司は昭和五九年に行われた岡山での全国研修会の場において初めてとなる臨時総会を開催し、これが立法に真っ向から反対する意思決定を行い、闘いを行った。

全青司と連合会はまさに、共に天を抱かざる者同士、まさに、不倶戴天の敵の間柄となっていった。

全青司は、連合会を乗り越えてあらゆる手段で阻止行動を行うと宣言して、国会議員への陳情活動をも活発に展開し、連合会の法改正の活動を止めようとし、保野連合会会長は「喜成清重」を処分しろと言いながら、全青司潰しを行ってきた。

筆者は、いったん全青司が吹き飛んでもかまわない。最後の最後まで全力で闘い抜くことを決意し闘いに当たった。

結果、闘いには負けたが、脱落した単位青年司法書士協議会は一つのみであった。

負けはしたが、法務省・連合会の当初の思惑からは、法改正の内容は遠く外れたものになり、実質的には勝利を挙げ得たと評価している。

現在、各地の公嘱協会組織あるいはその全国組織の存在が各司法書士会の会務運営に支障を来していることはないと理解している。

このように、書き連ねても読者諸兄には何のことか全く理解できないと思われる。

筆者自身も、この問題に当初は深い関心を持ってはいなかったし、全青司の仲間の意識も当初は薄いものであった。

しかし、全青司先輩及び全国の有志からこの問題に取り組むように強力な働きかけを受けた。

公共嘱託登記受託組織問題は、今日現在の課題であり、全青司が取り組むべき本来的課題ではないというのが筆者の変わらぬ想いではあったが、先輩からの働きかけ、全国の有志の方々の全青司への期待から、法務省・連合会の暴挙を阻止すべく活動すべしとの想いが強まっていった。

その結果、前述したように岡山での全国研修会の場を借り、全青司としては初めての臨時総会を開催し、全青司として全力を挙げての阻止運動に取り組むこととなった。

連合会総会で、法改正の動きを阻止することはできなかったが、先に指摘した弊害の多くを取り除くことができたと自負している。


「全青司は司法書士界の良心である」

これは、平成七年に行われた全青司京都全国研修会で筆者が連合会会長として述べた挨拶の中での言葉である。

全青司は今も司法書士界の良心であり続けていることを期待している。

全青司の諸兄には、全青司は司法書士界の良心であり続けるために、信念を貫く活動の継続を心より期待している。

3　危うかった司法書士自治

この闘いの中で、筆者は、法人設立阻止の活動を貫き通したが、次の三点が、後の筆者の司法書士界での活動に大きな影響を与えることとなった。

第一は、極めて大きな判断ミスを犯す寸前までいったことである。

「法人化阻止という点では想いを等しくする」とある司法書士から、「全青司と連合会の対立は深刻な事態となっている」とある政治家（当時名前を知らない人はほとんどいないと言っていい野党の大物）を介して両者で話し合いをしないかという誘いを受けたことがあった。

筆者は、思わず判断に迷ってしまい、周囲に相談をした。そんな時、今は亡き敬愛する先輩である原田全青司三代目会長から電話が入った。「喜成さん、司法書士のことは司法書士で決めましょう」という趣旨のアドバイスであった。

筆者は、このアドバイスのおかげで絶対許されない判断ミスをしてしまう直前で踏みとどまることができた。

当然である。司法書士のことは司法書士で決めなければならない。

第二は、山田英介衆議院議員（当時・現職の司法書士）の議員宿舎に二度泊まり込んで、山田議員の質問づくりに徹夜で参加し、法務委員会でその質問をされるのを聞きながら、我々、全青司の考えを国会の場できめ細かく各省庁関係者に確認をしていただいたことである（思わず、想定問答どおりの政府答弁を引き出してもらえたときは心の中でしてやったりと快哉を叫んだものであった）。

この山田議員の質疑のおかげで設立された、公嘱法人はその活動を完全に地域限定され、単位司法書士会の指導を受けるという形で、がんじがらめで恣意的活動は完全に封殺されたと評価できる。

山田議員は法務委員会での質疑の後、速やかに法務委員を辞任された。

第三は、筆者は、全青司会長就任に際し各方面に表敬に訪れたが、法務省民事局青山第三課長（当時）を訪問し、懇談をさせていただく機会を与えられた。

その際に公共嘱託登記受託組織問題に関する全青司の想いをお話しさせていただき、おおむね理解をしていただいたと考えている。

一方で、その際に法律家自治の問題について懇切にご教示をいただき法律家自治に関する理解を深めさせていただいたことは今でも鮮明に覚えている。

青山第三課長の丁寧なご説明、ご教示には今も、心からの感謝しかない。

本書も、青山第三課長のお教えが根底にある。

もっとも浅学菲才の身であるがゆえに、ご指導を正しく理解でき、かつ、把握しているということでは決してない。

論述の中にあるであろう誤りは、ひとえに筆者の非にあることは言うまでもないことである。

この三点は、まさに貴重な体験であったと考えている。

少し話が逸れたが、自治をめぐる闘いの歴史を知っていただくことも無駄ではないと思えるがいかがであろうか。

四章　自治は社会からの信頼の証

司法書士団体に自治が認められるのは、社会の司法書士に対する信頼の証の結果であるといえる。

司法書士の存在及びその活動が社会にとって有益であり、市民社会に貢献していることが認められてきたことの証左として自治権が認められ、段階的に拡充してきたと考えるべきである。

法定団体である以上、本来は法定されるべき規範・規則制定が、資格者団体の決め事に委ねられるのは、社会がそれを特に容認するからであり、当該資格者団体が社会からの信任を得ているがゆえであることを資格者団体及びその構成員は銘記すべきである。

認められる自治権が、資格者団体に当然に、あるいは必然固有の権利であるとのごとき理解は誤解にすぎないことを知るべきである。

1　司法書士自治の現状

今日、現時点において、司法書士法上、司法書士に認められている自治にはどのようなものがあるかを見ていきたい。

司法書士会の存在目的は司法書士法五二条二項に、「司法書士会は、会員の品位を保持し、その業務の改善進歩を図るため、会員の指導及び連絡に関する事務を行うことを目的とする」と定められている。

その上で以下の権限が認められている。

一定範囲内での規則制定権（法五三条）
司法書士登録権・登録拒否権（法八条、法一〇条、法五条五号）
簡裁訴訟代理等関係業務研修実施権（法三条二項一号）
一般研修実施権（法二五条）
　単位司法書士会及び連合会の研修実施権
一部懲戒権懲戒関与権・注意勧告権（法六一条）

司法書士界の自治の将来をどのように考えるのかは、現役世代各位での議論の結果であるが、自治と責任についての議論を深化させていただきたい。

2　法文で明定されている自治権の深化（登録拒否権限）

連合会は司法書士法五条一号を独自見解で深化させた。

司法書士法五条一号の「禁錮以上の刑に処せられ、その執行を終わり、又は執行を受けることがなくなつてから三年を経過しない者」は、司法書士となる資格を有しない、との規定は、禁錮以上の刑に処せられ、その執行を終わり、又は執行を受けることがなくなってから三年を経過した者は、司法書士となる資格を有することとなる、と読み取ることができるとするのが通例と思われることは先に述べたとおりである。

この規定を受け、禁錮以上の刑に処せられ、その執行を終わり、又は執行を受けることがなくなってから三年を経過した者が登録申請を連合会に行うことにより当然に司法書士登録を受け司法書士となるのが通例である。

というよりは、法文に忠実に解釈すれば、こうした者が連合会に登録申請を行った場合には、これの登録申請を受理せざるを得ない、と解するのが当然である。

この規定は、登録申請を行うという事実行為を容認したものではなく、当該者は登録を求める権限を有すると解すべきである。

これが通常の法文解釈の結果である。

しかし、連合会は、すべての事案において、直ちにこの見解を採ることはしていない。

職務上の著しい非違行為・重大な犯罪行為により、依頼者に回復しがたい重大な被害を与えた者、あるいは市民社会の信用を著しく失墜させた者は、司法書士界からは事実上の永久追放であるとする見解を採用し、この解釈を実践している。

それの目的とするところは、国民への再被害発生の徹底防止がある。

その上で、司法書士資質の維持と司法書士信用保持のためであり、もって国民の平穏で安全な日常生活を実現させることにあることも前述のとおりである。

すなわち著しい業務上非違行為者の登録申請については、三年間の経過期間終了者であっても、その登録拒否を決定している。

この登録拒否の決定は通常の法文解釈を超えたものである、との指摘もありうるし、その指摘そのものは誤っているとはいえない。

が、市民社会に著しい迷惑をあるいは回復しがたい被害を与えた者、司法書士の信用を著しく失墜させた者は、被害の再発防止の観点と司法書士への信用保持のために、司法書士界から永久追放とし、そのような非違行為者を司法書士会としては決して許すことがないとの姿勢を社会に示すことが必要である、と連合会理事会で判断した結果として登録拒否としたものである。

非違行為事例を紹介する。

この登録拒否事案について業務上被違者の行った事実行為を明確にした上で、なぜに連合会が登録拒否の決断をしたのかを明らかに残していきたい。

申請者が行った非違行為の概略は以下のとおりである。

申請者は、昭和五八年一〇月現在、北海道石狩郡内に居住し札幌市内で司法書士事務所を営んでいた。

司法書士が市民から不動産登記申請の代理を受任した際に、納付すべき登録免許税相当金額を預かる際に、正しい登録免許税額に、不当に上乗せした金額を提示し、これを受領していて逮捕されたというものである。

依頼者（市民）は、登記申請には登録免許税を納めなければならないことは承知していても、（あるいはそのことも知らない依頼者も存在する）どのように、その税額を計算するかなど全く知らないでいる。

司法書士が、この件の登録免許税は「金何円です」と告げれば、何の疑いもなく司法書士が提示した額を司法書士に渡していただけるのが通常である。

この市民の信頼を悪用し、正しい登録免許税額にばれない程度の金額の上乗せを日常的に行い、これを請求し、継続受領していたのである。

勇気ある内部告発により、事が明らかになり逮捕されたのであるが、極めて悪質な事案であり許されざる犯罪行為である。

申請者は、札幌地方裁判所で、「依頼者が登録免許税額を知るのがむつかしいことに付け込んだ巧妙な手口で、長期にわたって犯行を重ね、司法書士に対する顧客の絶大な信頼を裏切った責任は重い」として懲役二年六月・執行猶予三年の判決の言い渡しを受けた。

その後、この判決を受け、札幌法務局長で、申請者の司法書士登録取消処分を受けた。

このことを報道した新聞記事の最後には、処分の日から、三年を経過すると再登録が可能となると書かれていた（正しく刑を受けることがなくなってから三年経過した後）。そして、執行猶予三年を経過した後、申請者は連合会に対し登録申請を行ったのである。

この事案を審議する理事会において「登録申請を拒否すれば最高裁判所で否定されるかもしれない」との理事者の発言があった。

これに対し、たとえ最高裁判所で否定されても、連合会は、業務上非違者の受け入れを容認するものではないことを連合会の姿勢と明らかにしておくべきであるとの会長（筆者）の発言を理事会で了とされ登録拒否を決定したものである。

自治権の埒外と判断されるか、自治権の範囲内と判断されるかは、定かではなかったが、著しい業務上非違行為者につき一定の判断を示すことが許されるのでは、と考えた。

この連合会の見解は、登録審査会において支持され、法務省・最高裁判所においても支持され、連合会判断が確立されたと考える。

3　法文で明定されていない自治権の深化

連合会は、今、司法書士倫理規範を制定し、登録前研修（新人研修）を実施している。

以下、この二点について法定外事項としての司法書士自治を検討して行きたい。

1　自主新人研修実施

単位司法書士会及び連合会の研修実施権及び法三条簡裁代理関係業務認定にかかる研修の実施権を連合会が獲得する基礎となった新人研修の実施が司法書士界を大きく変貌させた。

司法書士法二五条で司法書士会員への研修の実施を司法書士会によって行われることが認められている。

しかし、この規定は、司法書士会員への研修の実施であって、会員外への研修を認められているものではない。

にもかかわらず、連合会は平成元年から司法書士有資格者（司法書士試験合格者）を対象とした、研修を新人研修と称して開始した。

この研修実施計画を審議した事業計画の連合会理事会における採決の結果は一二

対一二であった。

藤井専務理事、弓座常務理事、田坂副会長という執行部の中枢の一部が反対するという異様な理事会光景であった。

この可否同数を受けて、牧野会長が「実施しましょう」との決断を下した。まさに英断であった。

この時の、この牧野会長の英断がなかったら、新人研修の実施は少なくとも一〇年程度遅れた可能性があるばかりではなく、現在、司法書士法三条法務大臣認定試験の特別研修を行う力を司法書士界が獲得するのに大きな障害となったことは想像に難くない。

新人研修の実施決定により、司法書士界に巣くう旧体制は、一気に衰退へと転落したといってよいであろう。

連合会は、平成元年九月五日から新人研修を開始した。僅か四泊五日の集合研修ではあったが、連合会の歴史を画すると評価できる新人研修であった。

旧態依然たる司法書士を脱皮し、市民社会に積極的に貢献する司法書士制度実現への一歩を踏み出す歴史的瞬間であり、旧勢力の敗退・一掃を決定づけた瞬間でもある。

受講者はA・Bグループに分かれたが、計三七五名の参加を得ることができた。法務省・最高裁判所の協力をいただくことができ、充実した講師陣を迎えることができた。

初日には、法務省民事局長の「国民の権利の擁護者としての司法書士」と評価いただいた祝辞もあり、歴史的事業の幕を開けた。

この新人研修実施が司法書士界に大きな意識改革をもたらしたといえる。

場所は東京代々木にあった国立オリンピック記念青少年センターであった。

本当に、この施設に東京オリンピック（昭和三九年）に出場した選手たちが宿泊したのか、と思わず疑ってしまうほどのお粗末な施設であった。

受講生たちは、五日間以上事務所を開け、受講費一率三万円を（交通費含む）負担して、受講してくれたのだが、受け入れ側の体制は決して十分なものとはいえなかった。

宿舎の部屋は六人部屋にベットが六台に（日本人でも大柄な人は足がはみ出るほどの短さ）三〇センチ幅ロッカーが六台、他には一切何もなし。

ベット六台、ロッカー六台で部屋を、ほぼふさいでしまい余分の空間は全くない。

もちろん、プライバシーとか、安らぎとかは一切なし。

そんな、お粗末な施設での研修しかできない、受講生には本当に申し訳ない気持ちでいっぱいだったが、それが当時の連合会の力であった。

専務・常務が反対した事業であるから当然といえば当然であったが、受講生に対する十分な配慮など全くできなかったことを今でも申し訳なく思ってしまう。

まさに、お粗末な施設環境での新人研修ではあった。

星所長を先頭に司法書士中央研修所所員の尽力もあり、充実した研修会であった、と受講生が喜んでくれたことが大きな喜びであった。

直後に開かれた全国会長会では、新人研修実施に対して高い評価を受けることができた。

この評価の結果、連合会が、研修事業とりわけ新人研修をまさに重要事業として位置づけ、研修に関する特別会計を組み研修制度をゆるぎないものへと発展させた。

新人研修制度の発足・充実が司法書士の力量を向上させたといえる。

研修を受けた新人の力量向上もあるが、独自の力でこうした研修を継続して実施することができる司法書士界の力量も飛躍的に向上した。

数年後の新人研修会の冒頭で、法務省民事局第三課長が、改めて第三課長として挨拶をされたが、新人研修を法務省として再度公的に認知した瞬間であると思える。

この新人研修の実績の積み重ねが、後に、司法書士に簡裁代理権を認めさせることができた一〇〇時間研修の完全実施につながったといえる。

法三条簡裁代理関係業務認定にかかる研修の実施へとつながったのである。

もっとも、この時点においては、簡裁代理権のための一〇〇時間研修が、実施されることになるとは筆者を含め全国司法書士二万余名の誰もが夢想だにしてはいなかった。

2 倫理規範の策定

連合会は、司法書士の簡易裁判所での代理権の獲得を契機に、会員の資質の向上と社会貢献をより確実なものとすることを目的として、司法書士倫理を策定することとなった。

令和四年の第八七回定時総会で、司法書士倫理規範から、司法書士行為規範と名称変更が行われたが、本稿においては、旧司法書士倫理を司法書士倫理と表記して語ることとする（ただし、この名称変更は単なる名称変更ではなく、倫理に規範性をより持たせることを意味しているものでありその意味では自治のより進化したものと評価できる)。

筆者は、当時の北野連合会会長の指示により、司法書士倫理策定委員会の委員長の役割を担うこととなった。

もちろん、筆者に倫理案の具体的な想いがあるわけではなかった。当時、司法書士総合研究所（以下、「総合研究所」という）で、司法書士倫理検討のための職能制度研究部会が設置されていて、同部会にて司法書士倫理検討がすでに行われていた。

その部会が原案と評価すべき部会案を策定してくれていたおかげで、委員会での倫理案の検討策定は極めて効率的に行うことができた。

部会案の存在なくして、あの七か月という短期間での委員会案の策定実現はあり得なかったことは間違いない。

筆者が委員長を務めたこともあるので、司法書士倫理の策定について詳細に明らかにしたい。

まず、倫理は当該団体が、その組織員に対して、職務遂行上守るべき規範として定めるものであり、形式上は立法ではないので、強制力を直ちに備えるものではないし、その制定自体も社会からの信頼関係の点からいえば直ちに正当と必ずしも評価されるものではないことを理解しておく必要があると思われる。

社会との信頼関係が低い状態において、独りよがりに司法書士倫理制定を社会に宣言したところで、何らの評価を受けることができない状態もありうるのである。

この点につき、北野連合会会長は、司法書士に対する簡裁代理権の付与を認められた社会状況において、自らの意思で司法書士倫理の制定の必要性とその妥当性を判断されたと思われるが、まさに時宜を得た正しい判断であったといえる。

このことは、完成した司法書士倫理を多くの学者の方々が好意的に評価していただいたことからもいえることである。

倫理規範策定に当たっての基本的認識

司法書士会の活動及び司法書士の職務の在り方を、司法書士自らが司法書士倫理規範として制定することを認められるということはその範囲において司法書士自治が認められていると解される。

ここで認められる、としているが、その意味は、特に国あるいは、どの団体から認められているという具体的事象を指すのではなく、司法書士自らが、司法書士自らの責任と判断で司法書士倫理規範を制定することを社会が何ら問題視することなく、異議を述べることもなく、当然として受け止めているということである。

司法書士倫理規範の制定がなぜ許されるのかは、この議論をすることでその意味を理解することができる。

司法書士に関する規範には、司法書士法・司法書士法施行規則等があり、細かく司法書士に関しての規律が法定化されている。

会員の執務に関する規定の変更は法務大臣の認可事項である。

にもかかわらず、司法書士執務の在り方を司法書士倫理規範として、定めることが認められることの意義は大きいと思われる。

連合会は、平成一五年第六四回定時総会において司法書士倫理を承認し、司法書士倫理規範を確定させた。

前述のように司法書士の職務行為については、司法書士法に規定され、さらに司法書士法施行規則に規定されている。

しかし、簡裁代理権の獲得という状況を踏まえ、自らの職務のありようについての規律を、自らの意思で制定しようとする想いが強まった結果として司法書士倫理規範制定に至った。

連合会の倫理制定は、社会から、司法書士が司法書士倫理の制定をすることを認められ、これを自らの糧とすることに信任を得たからであると考えるが、どのような議論、あるいは考え方で司法書士倫理を制定したかを、司法書士倫理策定委員会委員長を務めた筆者が、当時を振り返りながら詳しく見ていくこととする。

委員会の活動を紹介しながら、司法書士倫理の制定経過を詳しく述べてみる。倫理案について具体的な想いも何もない無能委員長の最重要の仕事は、委員の選任であった。

委員の選任に誤りがあれば当然ながら、適切な倫理案の作出などあり得ない。慎重のうえにも慎重に人選にあたった。

委員には、総合研究所所員から二名お願いした。これは北野連合会会長の強い指示でもあったが、二名の委員の倫理研究の力が大きな推進力となった。

さらに、司法書士が取り扱う事務分野（不動産登記分野・商業法人登記分野・裁判関係書類作成事務分野・訴訟代理業務分野・成年後見事務分野等）のエキスパートと単位司法書士会の代表をお願いした。

客員委員には、江藤先生、藤田先生にお願いをした。

他に、新堂先生、佐藤先生、升田先生、加藤先生にも多大なご指導をいただいた。

先に触れたように、総合研究所部会の原案が作られていたので、効率よく検討が行われた。

それでも、全会一致方式を採用したので、一人でも異論があった場合には成案とはできず、議論が激しく沸騰し、成案を得るの苦労したことはあった。

しかし、僅か一〇名程度の委員の中での全会一致を得られないものが全国会員の全体の理解を得ることはできないとの思いで、全会一致方式を貫いた。

それでも、それぞれの分野のエキスパートの集まりであり、顧問の先生のご協力もあり、完成した司法書士倫理規範案は、各方面から高い評価を受けることができた。

倫理規範の本質と目的

司法書士倫理規範の本質は司法書士職務を遂行していく過程での指針あるいは、よりどころである。

倫理を完全に無視あるいは逸脱する者は倫理規範違反に問われることになるであろうが、倫理規範制定の根本目的は、会員が執務を行っていく上で、どの道を選ぶべきかの判断に迷ったときに、これによりどころを与え、判断に必要な基準を示し、会員が誤った職務行為を行わないようになること、ひいては国民に無用な損害を与えることなく、国民の幸福追及権の実現をサポートすることに資することにある。

決して会員の職務を会が統制することに当たるのではない。

司法書士が司法書士として、その存在を永続的なものとするためには、国民から信頼できる身近な法律家として認知評価されることが必要不可欠である。

このことが実現しなければ、先に述べたように、司法書士は他の法律専門職能と同様に弁護士人口の大幅増加が実現するまでの補完的存在としてしか意味づけられない。このことを明確に認識しなければならない。

弁護士とは異なった社会的使命を掲げ、異なったサービスを国民に提供しより幅広く、全国津々浦々の国民に貢献することを自らの責務であると自覚し宣明することが必要となる所以である。

司法書士の行う事務についての基本的考え方

司法書士の行う事務は、関係当事者の合意形成への援助と調整、その結果に基づく双方代理・あるいは複数代理の利害調整事務と、依頼者の利益実現を目指す党派的代理事務、第三者との利害調整をしながら本人支援を行う事務という異質な職域の存在すること認識し、これを前提にして司法書士固有の職責・社会的使命とそれに基づく倫理規範の検討をする必要があると考えた。

倫理規範策定に当たって目指したものは何か

委員会は、倫理規範を策定するに当たりまず以下の四点を実現させたいと考えた。

(1)　国民に理解されやすく、期待に十分、応えることができるものとしたい。

(2)　国内外の資格制度を含め他の資格制度に比すことができるものとしたい。その上で、理論的にも十分な内容のものとしたい。

(3)　全国会員の理解と支持を受けることができるものとしたい。

(4)　司法書士が提供すべき法律サービスの分野をすべて網羅したい。

委員会は、倫理規範が司法書士自らが国民に向けての社会的役割を鮮明にするものである以上、その内容において、あるいは表現方法においてもできる限りわかりやすいものとしなければならないと考え、表現においてできる限り平易でわかりやすい内容にすることと、できる限り司法書士に寄せられているであろう期待に応える内容にしたいと考え、検討を行った。

また、理論的にも問題のないものとするために、日本弁護士連合会（以下、「日弁連」という）の現行の倫理規範あるいは改正作業中の倫理案を参考にしたが、これにとどまらず、アメリカ法律家協会の倫理規範、さらにＥＵの法律家に関する倫理規範、さらに、アメリカ各州、ヨーロッパ各国の法律家制度を参考にしたのみならず倫理に関する多数の論文を検討材料にして、理論的にも完成されたものを策定したいと考え検討した。

一方、これが会員から遊離したものであってはならないとも考えた。

会員に理解され支持され現実に、実践される倫理規範でなければ策定の意味がない、とまで言っても過言ではないと認識して検討を行った。

さらに、司法書士法に定められている業務領域にこだわることなく、近年、司法書士が貢献しているあらゆる分野についても検討を加え倫理規範に盛り込むこととした。

繰り返しになるが、これには、総合研究所で職能制度研究部会が設置されており、この部会が当時策定していた倫理基本案が極めて貴重な役割を果たした。

職能制度研究委員会が策定されていた倫理案は、委員会審議の結果、その原案は影も形もないものとなってしまったが、委員会はこの基本案に検討を加えながら委員会案を策定したものであり、基本案の検討が委員会の検討の大前提となった。

この職能制度研究部会策定基本案の策定がなされていなかったら、委員会の成案を得るのに僅か一年での完成はあり得なかった。

司法書士に倫理規範を必要とする根拠

司法書士に倫理規範が求められる根拠は、司法書士の職務行為の結果が依頼者の人権・身分・財産等に重大な影響を与えることになるからである。

したがって司法書士は、倫理を遵守しながら、依頼者の権利実現に常に的確な判断が行うことができる能力を備えていることが求められる。

この場合の的確な判断とは、受任した事件の処理についての的確な判断は当然であるが、事件を受任するか否か、あるいは依頼者及び関係当事者との関係性をどのようにしていくかも含まれるものである。

なぜ倫理規範なのか

司法書士倫理に基づく司法書士の行動規範としての機能を考え司法書士倫理規範とした。

倫理と規範を一つのものとして定めることには異論もありうる。

倫理は、人間として、あるいは司法書士として生きていく上で当然に踏まなければならない道徳律であり、自らの意思で行うものである。

これに対し、規範は他からの規制を伴うものであり、自律そのものではないとの指摘がある。確かにこの指摘は正しい指摘であるといえる。

しかし、先に述べたように司法書士の職務行為の結果が、国民の重要な財産権の帰趨に大きな影響を与えるものであり、その職務行為を行うことが司法書士という名称の下に国家によって認められているということから、等しく国民が利用する司法書士は、その能力において、あるいはその品位において、同一水準であることを求められるのもまた当然のことである。

社会環境が複雑化し、国民の法的生活が高度化し、かつ、複雑化してきた今日において、国民に法的サービスを提供する専門家である司法書士は、その時代に適合した的確な職務行為を行わなければならない。

したがって、倫理とその職務行為の基本部分とを合体化した、倫理規範を自らが実践するものとして、自らの責任で制定することが今日的社会的要請に応えることになると考えた。

また、この司法書士倫理規範は、司法書士が自律的に制定するものではあるが、二つの側面を持っている。

一面は、自らの倫理規範を自らが遵守していくことであり、もう一面において司法書士界と社会との約束事であるということである。

自らこれを実践していくことを社会に約束し、社会が安心して利用できる司法書士であることを宣言するものであるという意味合いを持つものである。

なぜ全国一律か

全国一律ではなく、各単位司法書士会の自主的判断を尊重し、単位会自治に委ねるべきであるとの見解があった。

単位会自治の観点からは当然の指摘である。しかし、前にも述べたとおり司法書士制度は、全国統一のものであるから、司法書士の倫理が全国各地で異なるということは、国民の理解を得られないばかりか、混乱を与えるのみである。

規範もその基本部分のみを規範として盛り込んでいるものであり、基本部分が全国各地で異なるということはあり得ないことであると考えた。

司法書士倫理規範は全国均しく、同一内容で、全国すべての地域ですべての司法書士が忠実に実践されることが求められるものであると考えた。

こうした観点から全国統一した倫理規範を制定しようとしたものである。

地域によって実践しない、あるいは個々の司法書士の判断によって、実践しないことの恣意を許す、あるいは倫理規範の内容が異なっていては、倫理規範を信頼して司法書士に依頼する国民に不測の損害を与えることになりかねない。

むしろ全国各地で異なった倫理規範を制定し、これを実践するとなると、利用者である国民の目からは司法書士の根本理念についてあるいはその業務のありようが異なるものになってしまい、かえって不信感を持たれる可能性さえある。

なぜならば、制定された倫理規範に違反する司法書士に関する苦情の申立てはすべての国民に当然に認められるものであるが、この苦情申立ての際に、同一の司法書士の行為が、ある単位会では非違行為となり非難され、ある単位会では非違行為でないとなると倫理規範そのものへの信頼は根底から揺らぐ、又、そもそも国民には司法書士の単位会の何たるかも把握されていないのであり、その意味では単位会自治の尊重という、単に司法書士側の内部事情によって規範内容が異なることは許されない。

具体的非違行為があった場合に、連合会が、あるいは所属する司法書士会が、現在の司法書士法の範囲で個々の司法書士の非違行為についてどのような内容の規制を採ることができるのか、あるいは採ることが望ましいのか直ちに検討されていなければならない。

このことに関する連合会の責任は重いものがある。

懈怠は許されない。

先の執務基準は以上の観点から基準として連合会で定めたものである。

さらに言えば、執務の基本に当たらない部分であれば、より地域の実情に合わせた執務準則を定めることがむしろ国民の利便に供するものと思われるに部分については、全国各地の実情で各単位会ごとの工夫が意義を持つこととなる可能性もあると考える。

なぜ規範性を持たせなければならないのか

全国で統一に定めた倫理規範は全国で忠実に実践されることが求められる。地域によって実践しない、あるいは個々の司法書士の判断によって、実践しないことの恣意を許せば、倫理規範を信頼して司法書士に依頼する国民に不測の損害を与えることになりかねない。司法書士会が、あるいは連合会が個々の司法書士に対してどのような内容の規制を採ることができるのか、あるいは採ることが望ましいのかを検討したい。

なぜ今か

混沌とした社会状況下において、司法書士に簡易裁判所での代理権行使が認められるという、司法書士法が改正されたこと、そして、それを機縁として司法書士の倫理を討議し、これを実践することは極めて意義のあることであると思慮される。

簡易裁判所での代理権の取得により、司法書士の職務のありようについて、従来の職務遂行の在り方とは異なる厳しさが過重されることになるとの指摘がある。

その結果、従来のままの受任姿勢では、その受任の動機付けとは関係なしに、当事者に対する忠実義務違反（利益相反行為、守秘義務違反など）が問われる事態が惹起するとの指摘がある。

敷衍すれば、今までのような受任姿勢を無自覚に続ければ、司法書士に対する損害賠償請求、懲戒請求などの専門家責任を追及される事案が頻発するとの指摘である。

こうした指摘を受け、新たな職務遂行の理念を社会に示すべき時期であったといえる。

憲法前文第四段落では、「日本国民は、国家の名誉にかけ、全力をあげてこの崇高な理想と目的を達成することを誓ふ」と定め、国民の憲法理念実現の規定を設けているが、法律家である我々司法書士には、国民一般よりは重い憲法理念実現についての責務があるといえる。

憲法一三条に謳われている国民の幸福追求権の実現に寄与することが我々司法書士の持つ重要な社会的使命であると考える。

司法書士が司法書士として、その存在を永続的なものとするためには、国民の中に有用で信頼される法律家として認知評価されることが必要不可欠であることは再三にわたり指摘しているとおりである。

このことが実現しなければ、弁護士の大幅増加実現までの補完的存在としてしか意味づけられない危険性が高くなる。

弁護士とは異なった社会的使命を掲げ、より幅広く・深く国民に貢献することを自らの責務であると自覚し宣明・実践することが必要となる所以である。

理念は何か

司法書士は百数十年の歴史を経て、簡易裁判所での代理権を獲得することができた。

こうした展開を受けて、弁護士の大増員計画と併せて、法律家一元論が一部で議論されていた。

しかし、資格者を利用する立場すなわち国民の立場から見てそうした方策が国民の利便となる方策であるかを慎重に検討しなければならない。

日本においてなぜ、複数の法律専門職が創設されたのかについて検討する必要がある。

日本における資格者制度は、各省庁が、その所管において、自らの省の役割・政策をより確実に実現させることを目指して相互の緊密な連絡調整がないままに、創設された側面があるのは否めないが、そのことのみでは、資格制度が国民の間に定着するはずがないものであり、新しく資格制度が創設されるということは、既存の法律専門職が社会の要求に十分に応えてこなかったことが指摘されるし、創設された専門職能が国民のあるいは社会の要求に応えてきたことがそれぞれの専門職能が今日まで、あるいは、今後も制度が存続していく理由であろうと思われる。

司法書士は、前述のように弁護士と共に別の社会的機能を果たすことを期待されて創設された制度である。

もちろん法律を扱うという意味あるいは裁判分野での仕事を行うと意味での重なり合う部分はあるが、そうであっても司法書士に対する国民の期待と弁護士に対する期待は異質なものである。

司法書士の社会的使命を「国民の幸福追求権の実現」に資するものとすることが基本であると思われる。

日本国における根本法源は憲法にあることは言うまでもないことである。

司法書士法も、憲法の下に制定されたものであり、その改廃は当然に国民の意思による。

司法書士法二条（職責）の「司法書士は、常に品位を保持し、……公正かつ誠実にその業務を行わなければならない」との規定は、司法書士の倫理を考えるときに重要な指針となると考える。

公正な職務遂行とは、個々の依頼者の目的実現はあくまでもその目的が社会的妥当性を持ち、その実現が反社会性を持ってはならないとの考えを示しているといえるのではないか。

司法書士は、今までは「国民の権利の保全に寄与」するものとされてきた。そのこと自体は重要な事柄でありそのことの持つ意義は十分にあったし、今もある。

しかし、昨今のヤミ金問題や複雑化する悪質商法等に象徴される悪質極まりない犯罪行為の輩出の前には、個々の国民の権利保全という受け身ととられかねないという姿勢だけでは十分な、あるいは必要な社会貢献を十全にしてきているとはいえないのではないか。

あえて大袈裟に表現すれば、無政府状態とはいえないにしても、国民が自らの意志で決めた法律によって社会を動かし、統治していくという意味での法治国家とはいえない状況になりつつあることは極めて重大な事態である（法の支配が全く届かない闇の世界が現出しているのではないかと思わせる事態に立ち至っていると評価しても決して大袈裟ではない）。

国民の権利保全をその使命の中核としていては、司法書士の社会に果たすべき役割を全うしているとは言い難いと考える。

司法書士倫理を策定するに当たり、司法書士の社会的使命を見つめ直し、具体的倫理規範を定める指針とする。

倫理規範を制定する基本姿勢を明確にする。

倫理と自治についてどのように考えたか

自治と倫理規範の制定について密接不可分であるかのような議論がなされている。

しかし、自治をどのように理解するかは議論の分かれるところであるが、自治権の存在が倫理規範を制定する前提となるかのように議論されている点については問題を整理する必要がある。

司法書士会はその活動の主要部分（会則上の制約があり、その改正は法務大臣の認可事項である部分もある）は自主的に決定し自らの責任で活動している。

もちろん組織責任者の選任も自らの意思のみで行っている。

さらにアメリカの例とは異なりその会費（入会金を除いて）についても自らの意思で自由に決定している。

懲戒権限は限定的にしか認められてはいないが、相当部分において自治権能を有しているといえる。

しかし、懲戒権限の有無が倫理規範制定の障害になることはないと考える。

司法書士倫理規範は、司法書士が自らの責任で制定するものであり、他からの干渉を受けて制定する、あるいはその内容が左右されるものではない。

しかし、司法書士が、司法書士倫理規範を自らの意思のみで決め得るものと断定することは許されない思える。

なぜなら、司法書士制度の存在自身は国民の代表者である国会において決定されるものであり、その果たすべき職務内容も国会において決定されるものである。

今、司法書士倫理を司法書士が自ら制定することが社会的に許容されているのは、司法書士に対する社会的認知により司法書士をして司法書士倫理を制定することを認められているものであると考える。

もっとも、この見解も司法書士が独りよがりで述べているわけではないとの保障があるわけではないが、司法書士倫理の存在が判例などで肯定的に評価されることにより、前記見解が客観性をもつことができるのではと考える次第である。

アメリカでは、全米法律家協会が自主的に実質的議論をしながらも最終決定は裁判所により倫理規範が定められている。

さらに会費についても固定会費については徴収することができるが、それを超える変動する額については州知事の認可がないと徴収できないとされているようである。

もちろん、アメリカのアトニー・アト・ローが自由な法律家として行動し法律判断は自己の責任で行うものとされている。

しかし、前述のように倫理規範の最終決定権限は裁判所のものとされている。

わが国において司法書士が自ら倫理規範を定めることに社会から、異を唱えられることなく、許容されるのは、前述のように社会からの司法書士への評価の賜物であることを銘記しなければならないと考える。

したがってその内容については利用者であり、主権者である国民の支持と理解を獲られるものを考えなければならないといえるが、自らがそのような思考を許されるのも、自治についての許容の一部であると考えるがいかがか。

司法書士の職務をどのようなものとして捉えたか

司法書士の職務には、当事者の合意形成の援助とその結果に基づく双方代理分野と、依頼者の利益実現分野が存在する。

異質な職域の存在することを謳いこれを前提にして倫理を構成する。

司法書士は、事件を受任するに際して、その依頼の趣旨を十分に把握し、当該事案が党派的代理型受任か、中立的双方代理型の事案の受任かを明確にしなければならない。

倫理規範の組み立て方

「総論」には、各論に入らない前段的部分についての一般的事項及びすべての職務に共通する部分を定める。

「各論」には、司法書士が伝統的に行ってきた司法書士法上の職務分野と、必ずしも司法書士法には明記されていないが、近年、司法書士に対する期待から司法書士にサービス提供を求められている分野まで網羅した。

また、司法書士が法律家として社会貢献すべき事項をも含めた。

(1)　不動産登記分野
(2)　商業登記分野
(3)　裁判事務分野（市民救援活動分野・成年後見事務分野）
(4)　会と会員の関係
(5)　市民救援活動分野
(6)　公益的活動を含む

策定された倫理が、弁護士のそれと類似しているとの指摘が出ることは当然に予測されるが、法律家一般としての倫理について考えれば司法書士のそれと弁護士のそれとが類似するのはある意味では当然なことである。

弁護士はその特徴として党派的代理活動が指摘されるし、司法書士のそれは調整型代理活動を含むことがその特徴としてきた。

しかし、弁護士には現在でも党派的代理活動を行いながら調整的活動を取り込んでいる部分もあるし、将来はより意識的に調整型活動に取り組んでいくことが予測される。

一方、我が司法書士も調整的代理活動を主としながらも簡易裁判所での党派的代理活動を中心する党派的代理活動をより明確に行っていくことになることが予測される。

こうした傾向の中で、司法書士の独自性をいかに打ち出していくのかが焦点となった。

公正な職務遂行とは、司法書士は依頼者の利益実現あるいは、目標実現のために全力を尽くす忠実義務を負っているが、このことは、必ずしも依頼者の目標実現に完全に無批判に従って行動することを意味するものではない。

個々の依頼者の目的実現のために働くのは、あくまでもその依頼者の目的が社会的妥当性を持っていることが前提であり、そうした目的実現に忠実に職務を行うことを意味している。

その実現の過程にあっても手段・方法に反社会性を持ってはならないとの考えを示しているといえる。

司法書士職独自の倫理を必要とする根拠

倫理は、人が人として生きるために行われなければならない道、人としての道であるといわれている。

これは、時代によりあるいは社会環境により変化するものであり、常に固定したものではなく、変化するべきものであると考えられる。

倫理と、道徳とも分けて考えるべきであろうか。

倫理は、内なるものの意味合いが強く、道徳は時の権力により強いられる面が強いものとして受け止めているがどうであろうか。

仮にその受け止め方が正しいとした場合における倫理を規範とし、その規範に規則性を持たせ、これを犯すものに一定のペナルティを課そうとする考え方は、内なるもの倫理との採らえ方にまさに齟齬が生じるといえるがこれは、どのように解決できるのかが整理されなければならない。

倫理を犯す者は人倫に悖ると表現される場合がある。

この場合には最低限の期待される人間性を捨て去った者、あるいは捨て去った行為を行った者と評価されるということであろう。

司法書士についてはどのような根拠により倫理を、通常人の倫理に加えて職業上の倫理を求められるのであろうか。

司法書士には、司法書士法の規定により名称独占と、業務独占が認められている。

このことから司法書士には特別の倫理が求められるという考え方がある。

確かに、この独占が認められていることと裏腹の関係で司法書士には、良質の法的サービスを常にいつでもどこでも安価に提供することが義務付けられることは理解できる。

しかし、このことのみでは独自の倫理を求められるところまではいかないのではないだろうか。

今、規制緩和が世界の潮流となり社会の変革が求められている。

司法制度も、司法書士制度も当然にこの枠外でいることは許されない。

司法書士制度にもさまざまな規制撤廃の波が押し寄せている。

この規制緩和がすべて国民生活の利便に供する結果になるとは考えないが、規制緩和は個々の精密な検証をすることもないままにすさまじい熱気を伴って、大波となって社会のすべての既存資格者制度を破壊し尽くそうとしている。

特に近い将来、業務独占の排除が強く主張される可能性がある。

司法書士には、その先輩が営々として築いてくれた高い信頼性を勝ち得ている業務領域がある。

そのおかげで司法書士の職に携わっている者は、社会に評価され、日々の生活を安定的に営むことができている。

他資格者には、まさに楽園のごとく目に映るのであろうか、司法書士の職域を破壊する動きが日々に顕著である。

　前述のように、今日の司法書士の社会的評価は、現在の司法書士の日々の努力の成果と、それをはるかに凌駕する先輩の不遇の時代での、まさに血の滲み出るような戦いの成果である。

　しかし、そのような内部の努力を全く無視するかのように司法書士の職域を破壊しようとする動きが規制緩和の名の下に主張されているのが現実である。

　こうした動きの結果、仮に司法書士の業務独占が崩れた際には司法書士倫理が変容するであろうか。つまり司法書士として生きる道、尽くすべき道に変化が生じるかどうかの問題である。

　名称独占・業務独占の有無が司法書士の法律家としての基本姿勢を左右するものではないと考える。

今後の課題

　以上の考え方で検討し、策定した司法書士倫理規範は、国民の司法書士に対する期待に応える点においても、国民に対する社会責任を明確にする点においても、理論的に面においても、あるいは司法書士会員の理解と支持を得るという面においても満足のいく内容となったものと確信している。

現実に全国すべての地域において、すべての司法書士がこの司法書士倫理規範を実践していくことが大きな課題となる。

司法書士会があるいは、連合会が個々の司法書士に対してどのような内容の倫理教育を徹底していくのかが問われるところである。

さらに、先に述べたように、不幸にしてこの倫理規範に違反する者が出た場合にいかなる規制を採ることができるのか、あるいは採ることとするのかを早急に具体的に検討する必要がある。

ここでは考え方の一つを紹介するにとどめる。

倫理規範違反をした者が生じた場合の措置について、連合会が、直接的に会員を注意勧告をすることも会長指導を行うことも許されない状況を確認した上で連合会としてどのような措置が採れるのか、その措置を採りうる根拠を検討していきたい。

例えば、連合会に倫理委員会（司法書士以外の利用者代表の参加を前提とする）を設置し、何人も同委員会に司法書士の倫理違反につき判断を求めることができるものとする。

委員会は、当該司法書士の行為が倫理規範に違反すると判断した場合には、当該司法書士が所属する司法書士会に対し、その事実と審理規範に違反するとの判断を通知するとともに連合会に通知する。

所属司法書士会は、これに応じて綱紀委員会に付する、若しくは会長指導あるいは注意勧告などの措置を採ることにつき判断する。

なお、連合会倫理委員会は、単位司法書士会に通知した事実を公表する、とすることも考えられる。

この課題には早急に結論を出す必要がある。

国民は、司法書士倫理規範が制定され、これが公表されることにより、これを全国の司法書士が実践することが当然と理解する。

仮に、これに逸脱する行為を行った者に対する処分は厳しい制裁となると理解するであろう。

この倫理規範が全国であまねく実践されなければ、これまで築き上げてきた司法書士界の信用を失わせることになる。

しかし、一方、会員の立場からすると、定められた倫理規範すべてを自らのものとするためには、実践のための徹底した研修が不可欠となる。

支援システム体制の実現と実例を積み重ねることにより自らのものにしていくことができると考えられる。

こうした点の実現が最大課題である。

もう一つの課題が、制定した司法書士倫理を広く国民に周知徹底させることである。

司法書士利用者・国民の間において司法書士倫理の存在の不知は司法書士倫理を空文化させるおそれさえある。

できる限りの手段を講じてＰＲを行わなければならない。

自由な職業人であることと自治との関係

日本においては、自治権のない者（資格者）は法律家ではなく自由な職業人でもないかのごとき、全く考えなしの根拠のない議論が横行している。

特に司法書士に簡裁代理権を認めるかどうかの議論が行われた際に、弁護士界から強力にこの説が主張された。

所属する団体が、懲戒権限を持たないから法律家として責任を持って行動できないとする考え方は、完全に間違っているといえる。

現に、他の諸国においても法律家は自治権が極めて脆弱であっても、自由な職業人であると位置づけされ、活動を行っている。

そもそもアメリカではアトニー・アト・ロー（attorney at law）を強制的に加入

させる組織を存在させるシステムは採用されていないのである。

したがって団体が懲戒権限をすべてのアトニー・アト・ローに行使すること自体が考えられないことである。

アトニー・アト・ローの正確な数も把握されていないし、アメリカの裁判官はそうしたことに全く無関心であった（筆者が、連合会会長時代にアメリカに成年後見制度の視察に行った際に、いくつかの裁判所の裁判官に、このような質問を行ったが、帰ってきた反応は前述のごとくであった）。

しかし、アトニー・アト・ローが法律家として立派に活動していることを否定する論は一切聞いたことがない。

日本でのこうした自治権と、法律家性との関係についての誤った認識は払拭されるべきである。

懲戒権限あるいは、自治権は組織体としての問題であり個々の法律家の執務のありようとは直接的に結びつくものではない。現にアメリカのアトニー・アト・ローの活躍は懲戒権限を持たなくとも、時に国家権力に敢然と対峙しながらその活動を行っている。

ついでに紹介をすれば、確かに司法書士会には限定的な懲戒権限しかないが、前述のように一定程度の自治権限を有しているし、その権限を十分に発揮しながら社会活動を行っているところである（もともと無限大の自治権など、いかにあり得ない議論であるかは後で論証することとする）。

懲戒権限の前段階の権限として捉えることができる、注意勧告権を各単位司法書士会は有している。

さらに、連合会は登録会員に対し登録を取り消す権限あるいは登録申請を拒否する権限を有している。この権限を的確に行使していることは先に紹介したとおりである。

懲戒権限の不在が倫理規範制定の障害になることはない。

現に、制定されている司法書士倫理規範は、司法書士が自らの責任で制定したものであり、他からの干渉を受けて制定するものでなく、あるいはその内容が左右されたものではない。

その内容については利用者であり、主権者である国民の支持と理解を得られるものをと考えた。

そして、これとは、逆に国民の信頼を失った場合においては、倫理規範を自ら制定することを否定されるばかりでなく、その存在をも否定されかねないことを我々は常に銘記しなければならないと考える。

そして、このことは一人司法書士にのみ当てはまることではなく、この国に存在するすべての資格者に共通するものであることも銘記されなければならないと考える。

司法書士倫理の稿を終えるにあたり、新堂先生の以下の言葉を紹介させていただく。

「司法書士の職務の中には、中立型の事務と党派的代理事務と成年後見事務にみられる本人支援型事務が混在する。

依頼者の必要性に応じてこれらを整理し、あるいは統合して、仕事を行うという役割が司法書士にあることを自覚すべきであろう。役割認識能力と倫理識別能力の涵養が必要とされるであろう」。

「簡裁代理権を考えると、訴訟代理をするにしても単純に依頼者のために戦うイメージの司法書士というより、依頼者に親身に相談に乗り、依頼者の真の希望を聞き出し、それにふさわしい解決の糸口を見つけて、紛争の解決を手伝うという身近な法律家のイメージを大切にするほうが望ましいように思われる」。

「日常巻き込まれる身近な事件処理のためには、簡単に相談に乗ってもらえる法律便利屋さんがいるのではないか。そこでは戦う司法書士というよりは親切、丁寧に裁判の役割を教え、紛争解決手続きを手伝ってもらえる親しい法律家が必要となろう。そのような法律家を育てるには、業務をするに際してその置かれた環境と役割を正確に把握し、それぞれの役割に必要な倫理を選択、実行できるように敏感な状況把握能力と誤りのない役割認識能力を養うことである」。

「今、司法書士会にとって必要なことは、職業倫理も研修によって習得可能なものであるとの確信を持ち、職業倫理に具体的なガイドラインをよりきめ細かく提示していくことだと思う。問題となりそうな具体的ケースを提示し、その際の自分たちの対応をお互いに議論し、その議論の中から、各自が倫理を学習し、その積み重ねによって『味のある街の法律家』になることを大いに期待したい」。

4　簡裁代理が認められた司法書士法改正の意義
～司法制度改革の一環としての司法書士法改正

司法制度改革を推進する過程で、司法書士への簡裁代理権の付与が認められたが、司法制度改革なしでは、司法書士に簡裁代理権を付与する司法書士法改正はなかったと思われる。

従来の司法書士法改正とは異なり、司法書士法改正だけが単独で行われたわけではないことは周知のとおりである。

司法制度改革の議論がなく、司法書士に簡裁代理権を付与することだけを目的とした、司法書士法の改正だけに焦点が当たっていたら今次の法改正は実現しなかった可能性が高いというより、なかったとしたほうが当たっている。

そのことを踏まえて、なぜ、自分たちの手で倫理規範を制定しこれを遵守することが必要だったのか、をみんなで理解をしていただきたい。

この司法書士法改正は、単に弁護士界との戦いに勝った成果であるなどと矮小化してはならない（もっとも、今までの司法書士法改正においては、常に弁護士界の強い抵抗があったことも事実であることは歴史の示すところである）。

弁護士会は、昭和二五年の単なる司法代書人を司法書士と変更する法改正にも激しい抵抗反対活動を行った。これが実現したのは、先輩のまさに血の滲むような努力があった結果であった。

この弁護士界の永年にわたる抵抗は異様ともいえるものであり、司法書士法がいかなる方向に改正されるかの内実・内容には関係なく、とにかく司法書士法が改正されることに抵抗してきた感がある。

平成一四年の司法書士への簡裁代理権の実現という社会的に画期的な司法書士法改正もおいても、もちろん頑強な弁護士界の抵抗に打ち勝ったという面があるということは間違いではない。

特に中坊元日弁連会長は司法制度改革審議会での隣接職能の議論の最終場面で二時間にわたって抵抗演説を行った。

弁護士界は、大正デモクラシーの一時代を除いて常に司法書士制度の発展を妨害してきた。今次の法改正でも当初は同様であった。

この弁護士会の抵抗により過去の司法制度改革の試みはとん挫を余儀なくされた歴史があるが、このたびの司法制度改革はこのような過去の反省を踏まえ、法務省の主導ではなく、自由民主党と政府・内閣の主導により行われたことが大きく影響を与えたと思われる。

その上で、過去の司法制度改革とん挫の反省から、司法制度改革審議会の結論も、全会一致方式ではなく三分の二の賛成での意思決定とし、さらには、現役弁護士会からの役職者代表を排除してしまい、中坊元日弁連会長のみが委員として参画することが認められる方式が採用された。

こうした司法制度改革の枠組みが決まった時点において弁護士界の故なき抵抗の道はほとんど、閉ざされていたと評価することができる。

ただ、そうは言いながらも、画期的なことは、当該司法書士法改正での衆参両院の法務委員会を傍聴させていただいたが、最終的には日弁連におかれても、国会審議の最終場面において、司法書士に簡裁代理権を付与することに賛意を示されたことであった。

これは過去の歴史上なかったことであり、その姿勢は高く評価しなければならない。

その上で、簡裁代理権認定の大前提である、一〇〇時間特別研修の実施についても、日弁連が最大限の協力をされたことは高く評価し感謝しなければならない（石川においても優秀な弁護士の方々が丁寧な講義を行っていただいたことは感謝に堪えない）。

日弁連が司法制度改革への理解をするに至った理由は、従来型の弁護士界の主張

（たとえば弁護士人口の大幅増員反対・修習期間の縮減反対）を、あるいは、独占・特権の上に胡坐をかき続けていると、弁護士制度の廃絶の危機が到来することを気づいたという点があると思われる。

司法制度改革議論が本格する前の一時期、日弁連は社会的信用をほぼ失ってしまったと評価される時期があった。

経済界はもちろん、最高裁判所、法務省、あるいは多くの有力な国会議員も社会全体が、そうであったと肌で感じた時期があった。

これはいまだに尾を引いている可能性がある。

なぜ司法書士に簡裁代理権が付与されたのかを理解する必要がある。

単に、司法書士の権限を広げただけでなく、広く隣接職能に司法への関与を促し、司法制度を国民に身近なものにしなければならないという世論の盛り上がりがあったという点を理解する必要がある。

そうしなければ司法制度への国民の失望感が修復しがたいものとなる危機感があったといえる。

司法制度改革の目的・柱を理解しないと今次の簡裁代理権付与の司法書士法改正は理解できないと考える。

これが理解できると、司法書士倫理の本当の必要性が理解できると思う。

その意味が理解できると、今次の法改正が司法書士にとって極めて意義のあるものと理解できる。

つまりは、真に、国民に奉仕する身近で便利な法律家制度の創設が求められていたことを理解できるといってもよいと考える。

従来、司法書士制度は司法制度の枠の外であったといえる。

今でもそうした面が強く残っているといっても過言ではない。

司法制度改革審議会意見書では、司法制度改革は、「法の精神、法の支配」がこの国の血となり肉となる、すなわち、「この国」がよって立つべき、自由と公正を核とする法（秩序）が、あまねく国家、社会に浸透し、国民の日常生活に息づくようになるために行われるものである、としている。

このことを実現するためには、司法制度改革を絶対に実行させなければならないと考える。

こうした思いを込めた司法制度改革の一環として今次の司法書士法改正があったと理解しなければならない。

こうした見解からは、単に国民の司法制度への不信の払拭というレベルの問題にとどまることなく、現代社会の病理的なさまざまな社会事象を根絶しなければならない、この国を立て直さなければならないという、熱い想いと、そのことを実現させるために司法制度改革を行っていくのだという強い意思が読み取れる。

司法書士への代理権の付与などもこうした司法制度改革の一方策として実現されたものであり、司法書士の権益確保を目的として行われたものでは決してあり得ないこのことを常に深く自覚し続けなければならない。

司法書士は、この司法書士法改正により、この国を、自由と公正を核とする法（秩序）が、あまねく国家、社会に浸透し、国民の日常生活において息づくような国にする責任の一端を負うことになったことを自覚しなければならない。

地動説を信ずるかのごとき法律家は、社会から排除され、民間の法律家への信頼感を取り戻せるよう活動を続けなければならない。

5　司法書士の矜持〜専門家支配の防止

司法書士は、依頼者の利益実現に忠実に活動しなければならないが、一方、不正な目的が手段を正当化することはなく、社会正義に反する行為を行って、公益に反する行動をとってはならない。

このことに留意しなければならない。

依頼者に対する忠実義務と、公益実現への奉仕、両方への奉仕問題を自覚しながら、依頼者との関係についての社会との関係について二つの側面に配慮して職務を行わなければならない。

司法書士は、法律知識を十分に備えた圧倒的強者（司法書士）と、法律知識を全く持っていない、若しくはほとんど持ってはいない弱者との立場の違いに十分に配慮し、依頼者の、他の人に知られたくない秘密も保持しながら職務を行う立場に立つこととなる。

依頼者には、夫、妻、親、子供に対しても絶対知られたくない秘密をも司法書士に話してしまっている弱さがある。さらには、法律知識においてもほとんど理解が及んでいないという弱い立場の面もある。

国民は、この専門知識等の落差があるがゆえに司法書士等の専門家に仕事を依頼することになる。

司法書士は、この圧倒的ともいえる強い立場に立っていることを理解し、依頼者に接しなければならない。

決して強い立場に立っていることを依頼者に意識させる振る舞いを行ってはならない。

自由に、すべての事情を話してくれる依頼者に、秘密の厳守はもちろんであるが、対等の立場にあるものとして接して依頼者の真の目的を理解し、これを実現させるための方策を共に考え、共に行動する者として行動する必要がある。

さらに重要なことは、消費者と、事業者、特に大企業とを対等な関係であるとするのは公正を欠く考えである。

消費者の圧倒的情報不足、経験不足、交渉能力不足を前提とし、その上で消費者に寄り添う行動を行わなければならない。

さらに、法律専門家としての司法書士と依頼者との適切な関係の実現、司法書士と社会全体との適正な関係の実現、国民に信頼され利用されやすい司法制度の実現のためには、このような目的を明確に意識して、倫理とその職務行為の基本部分とを合体化した、倫理規範を自らが実践することが今日的な社会的要請に応えることになる。

　法律事務の一部の独占が認められていることとの裏腹の関係においても司法書士には、良質の法的サービスを常に「いつでも」「どこでも」「安価に」提供することが義務付けられていると理解しなければならない。

　前に業務独占からくる倫理の必要性について指摘したが、しかし、この独占ということだけでは独自の倫理を求められることを最終的に結論付けるところまではいかないのではないだろうかというのが筆者の思いである。

　もし、仮に司法書士の業務独占が崩れた際には、法律家としての社会貢献内容が変容し、司法書士倫理も変容するのであろうかどうかを考えてみる必要がある。

　つまり独占が崩れた場合には、司法書士として生きる道、尽くすべき道に変化が生じるかどうかの問題である。

　法律の上で、一定範囲の業務独占・名称独占・強制加入が認められているがゆえに職業倫理が求められるのではなく、国民に利用され、信頼される法律家司法書士であるがゆえに高度な職業倫理が求められるのであり、その内容も司法書士が提供している、あるいは果たすことが求められている内容に即した倫理が求められると考えるべきである。

　業務独占が認められているかどうかの観点を外して、依頼を受けて、自己の良心と信念にのみ基づき法律解釈を行い、その解釈に基づき判断し独立した立場で行動することを業務とする者が法律家であるといえる。

司法書士の業務独占が外れる可能性はゼロではない。

近い将来、強制加入制度が議論の対象となる可能性もある。

その延長線上に業務独占が外れる可能性が全くないわけではない。

業務独占を維持するための努力を否定するものではないが、業務独占を外されたからといって、自己の良心と信念にのみに基づいて法律解釈を行う姿勢を放棄してはならない。

この異質の事務の存在と、国民に最も身近な法律家であるがゆえに司法書士に固有の倫理規範の制定が求められるのであると理解した。

司法書士は、事件を受任するに際して、その依頼の趣旨を十分に把握し、当該事案が党派的代理型の受任か、調整的双方代理型の受任か、あるいは本人支援型か、あるいはその複合か、あるいはその変形かを明確にしなければならない。

その上で依頼者の最も望むことが速やかにしかも安価に実現できる方策を提示し依頼者の判断を仰ぐことになる。

その上で依頼者、若しくは本人の意思を尊重し、事案に即した、業務を適正に行う義務がある。

6　まとめ～自治が認められる根拠

司法書士団体に自治が認められるのは、社会の司法書士に対する信頼の証の結果であるといえると前述したが、司法書士個々の職務の在り方、司法書士団体に自治が許容されるのは、社会の意思の結果であり、司法書士が望めば直ちに認められるものではないことはすでに縷々述べてきたとおりである。

間違えても、司法書士に固有の、あるいは司法書士団体固有のものであり必然として認められるものであるなどと誤った認識してはならない。

自治を許容することが市民社会に有益であり、とりあえず自治を認めておけば、市民社会が安定的に営むことに貢献できるようであれば自治を容認されているに過ぎないのである。

例えば、懲戒権の存在を誇示する団体があるが、その団体構成員の非違行為が市民社会に危機的状況に陥ればもちろん、それ以前の段階で、市民に甚大な被害が生じることが多発すれば、団体構成員を律することができない団体と認められ懲戒権を失うことになるのは当然である。

6　まとめ～自治が認められる根拠

自治を認められる根拠は、その団体及び構成員が社会の期待に応える活動を行っているかどうかであり、期待から外れてしまえば、自治権の喪失、さらには、法定団体から民間団体への転落が必然と理解すべきである。

五章　代理権と自治権の関わり

1　司法制度改革

平成一一年頃から司法制度改革の議論が、失われた司法への国民の信頼を取り戻すことを目指して、各界において展開された。

経団連・日経連・二一世紀フォーラムなどが相次いで見解を公表していった。

こうした動きの集大成のような形で自由民主党は「司法制度に関する特別調査会」を設置し、利用者あるいは制度運用者全般から意見聴取を行い、報告書をまとめ発表した。

さらに、この成果を受けて、内閣に司法制度改革審議会を設置することが第一四五回国会において承認された。

審議会委員の構成について見ると、かつてないことであるが、事実上、法曹三者を除外した形で人選が行われた。

このことからも議論はするが国民の期待に応える司法制度改革を実現できなかった、法曹三者に対する不信感の強さを知ることができる。

政府の司法制度改革の本気度を知ることができる。

平成一一年七月二八日に第一回審議会が開催され司法制度改革の議論が開始された。

さらには、行政改革委員会が行政改革の一環として資格制度の閉塞状況についての指摘をした。

こうした、一聯の各界、各機関の一致した見解は（日弁連を除く）弁護士法七二条の緩和による、弁護士による法律事務の独占の緩和であり、具体的には、司法書士・弁理士・税理士などの隣接法律職能に、裁判所等における代理についての一部参入を認めるべきであるというものであった。

日弁連はこうした社会情勢に抗して様々な理由を列挙しながら、他の法律資格者に代理権を認めることに徹底的な反対行動をとっていた。

その反対理由の二大論点は、法律的な素養についての制度的保証のない者に代理権を認めることは国民の権利保護の観点から相当ではない。

さらに、省庁の監督を受けている者について、自治権のない資格者団体に代理権を認めることは同様の観点から相当ではないとするものである。

第一の論点についての反対の立論は、ほぼ終っていると理解して、ここではもっとも最近になって日弁連が主張し出した第二の論点、代理権の問題と自治権の有無とを関連させることの非論理性・誤謬性を明らかにし、日弁連の主張が国民の権利保護の立場に立つものではなく、自らの社会的権威保持に固執しているに過ぎないことを論証したい。

2　弁護士制度の法的根拠

現在の弁護士会には監督官庁がないとよく主張されている。そのこと自体は、そのとおりではあるし、異論はない。

しかし、直接の監督官庁が存在しないからといって、弁護士制度が全く治外法権的に完全に独立しているわけではないこともまた、自明の理である。

弁護士制度を最終的に規定するのは弁護士会自身でなく、国会による立法であることがその大原則であることを忘れてはならない。

換言すれば、広い意味、あるいは高い見地からいえば、弁護士制度は国民によって監視され、監督されているのである。

そして、弁護士は憲法に規定される資格制度であるとされている場合があるが、それは誤りである。

その憲法上の名称は弁護人であり、その具体的内容については法律に委ねられており、国会の判断として、弁護士法がその具体法として制定されているに過ぎないということを正しく理解しなければならない。

弁護人に誰を充てるかは立法判断によるものであり、弁護士がこれを超越しているなどの議論はまさに妄想的誤りである。

つまり、弁護士制度そのものが憲法上に規定されている存在・制度ではないということも正しく理解する必要がある。

憲法三四条・三七条に規定されているのは「弁護人」であり、「弁護士」と一致しているわけではない。

したがって弁護士が憲法上の存在であるとするのは行き過ぎた、誤った考え方である。

弁護人に具体的にどの資格者を充てるか、あるいは資格保持者でなくともよい、とすることも含め憲法では特に規定されてはいないのである。

具体的にどのような者を弁護人として定めるのかは国民の代表である国会での決断事項である。

弁護人即弁護士ではないことは明らかであることを確認しておくことが必要である。

複数の資格者に刑事弁護の役割を認めている立法例があることは後述のとおりである。

弁護人を具体的に誰にするか、さらには、弁護士制度をどのような内容の制度にするかは国民の判断によって定められるのである。

より具体的にいえば国民の代表であり国権の最高機関である国会の判断によって

決まるものであり、弁護士会が他を超越した独立団体であるとする認識があるとすれば、その認識は根本的誤りである。

監督官庁はなくとも監督者、国民はいるのである。

また、憲法に定める三権の一つである司法権は専ら最高裁判所に属するものであり、弁護士あるいは日弁連に属するものではないことを、司法制度に関心を持つもの全員が確認しておく必要がある。

日本国の法律によってその資格制度を定められているということは、その制度を設けた趣旨によって資格制度のありようが定められるものであることは当然である。

諸外国における法律家の規定と自治権について理解をしていただくために、諸外国における法律家自治の紹介をしたい。

法律家として裁判所等での代理権が認められるには、自治権が必要であるとする見解は世界に普遍的なものではなく、我が国、固有のものでしかないことが明かとなる。

このことを法務大臣官房司法法制調査部が作成した、司法制度調査資料第三五巻「諸外国における弁護士法」（昭和五三年一一月）の一部を紹介することで明らかにしたい（なお、精査した上での引用ではないので、重要部分の欠落がある可能性がある上、論点に直接関係ないが筆者の個人的興味で紹介している部分があることをあらかじめ付言しておく）。

さらに、外国での法律家を日本の弁護士と同義であるかのごとく、弁護士として紹介している例が多数見られるが、弁護士・司法書士は日本にのみ固有の制度であり、こうした表記は適切でないことも指摘しておきたい。

英国ソリシター法（一九七五年現在）

第三条（認可）

何人も、法曹協会から、修習規則に適合していることに同協会が満足をしていること。

ソリシターとしての人格及び適正について同協会が満足をしていること。を内容とする証明書を取得しなければ、ソリシターとして認可されない。

右の証明書を取得した者は、記録長官に対して、ソリシターとしての認可を申請することができる。

第一五条（業務免許の効力の一時停止）

ソリシター懲戒裁判所又は、その他の裁判所がソリシターに対して、その業務を一時停止させる旨の命令を出した場合には、当該ソリシターのいかなる業務免許も当分の間効力が停止される。

第五三条（裁判所から法曹協会への命令の伝達）

ソリシターの氏名を名簿から削除すべきこと、又はソリシターの業務を一時停止すべきことを命ずる命令が高等法院又は上訴院から出された場合には、裁判所の係官は直ちに、その謄本を法曹協会に送付しなければならない。

西ドイツ連邦弁護士法（一九八一年現在）

第一条（司法における弁護士の地位）

弁護士は、独立の司法機関である。

第二条（弁護士の職業）

弁護士は、自由な職業を行う

弁護士の活動は、営業ではない。

第三条（助言と代理を行う権利）

弁護士は、あらゆる法律事件に関して独立の助言者及び代理人となる権限を有する。

あらゆる種類の法律事件に関し、裁判所、仲裁裁判所又は官庁において活動することができる弁護士の権利は、連邦法によってのみ、これを制限することができる。
第四条（裁判官資格）
ドイツ裁判官法の規定に従い裁判官の資格を得た者に限り、弁護士資格の認可を受けることができる。
第八条（申請についての決定）
弁護士資格認可の申請については、州司法行政部が決定する。
第一六条（取消処分）
弁護士資格認可の取消しは、当該弁護士が認可を受けた州の司法行政部においてこれを命ずる。
第一八条（分属）
弁護士は、いずれも、通常裁判権を有する特定の裁判所につき、所属の認可を受けなければならない。
第三五条（認可の取消し）
裁判所所属の認可は、次の各号の位置に該当するときはこれを取り消すことができる。
（略）
認可は、州司法行政部において取り消す。

オーストリア弁護士法（一九七六年現在）

第八条

弁護士は、オーストリア共和国のすべての裁判所及び官庁において代理権を行使する権限を有し、かつ、すべての裁判上及び裁判外又は公的私的な事件につき、職業的に依頼者を代理する権限を含む。

第三三条

弁護士の地位は、裁判所から独立したものである。

（ただし、オーストリア弁護士法は日本の弁護士会会則のレベルに関する事項をも細かく規定している）

オーストリア弁護士及び弁護試補に対する懲戒法（一九七六年現在）

第一条

弁護士名簿に登録されている弁護士に対する監督は、第一次的には、当該弁護士会執行委員会によって行われる。

最高監督権は、連邦司法大臣に属する。

第二二条

懲戒委員会の事務規則は、弁護士会においてこれを定め、連邦司法大臣に届け出てその同意を得なければならない。

第四五条

連邦司法大臣は、弁護士及び弁護試補に対する最高監督権の行使として自ら又はその指定する機関を通じて、懲戒委員会の事務処理及び係争中の懲戒調査の状況について、いつでも記録を閲覧し、欠陥を認めた場合にはその除去を命ずることができる。

弁護士会執行委員会は、毎年末日までに、連邦司法大臣に対し、懲戒委員会宛に行われた告発並びに処理済及び係争中の調査の明細表を提出しなければならない。

連邦司法大臣は、同時に発する命令をもって、弁護士会懲戒委員会の解散及び、その改選を命ずる権限を有する。

若干の司法及び法律専門職の改革に関する一九七一年一二月三一日の法律第一三〇号（フランス）（一九七一年現在）

第三条

弁護士は、司法補助職である。

第四条

何人も、弁護士でないものは、裁判所及びその性格を問わず裁判又は懲戒機関において、当事者を補佐し又は代理し、訴訟手続行為をし、及び弁論をすることはできない。

第七条

弁護士職は、自由、かつ、独立の職である。

第一三条

弁護士教育は、弁護士研修所が行う。

弁護士研修所の運営は、弁護士、司法官、大学の協力により行われる。

第一九条

理事会（弁護士会）の権限外の又は法令の規定に反する決議又は、決定はすべて検事長の請求に基づき、控訴院により無効とされる。

第二四条

懲戒事件に理事会の決定につき、利害関係を有する弁護士又は、検事長は、控訴院に不服申し立てをすることができる。

第二五条

法廷において弁護士が非行を犯し、又は宣誓により課された義務を懈怠したときは、検察官が在廷するときはその論告に基づき、かつ弁護士会長又はその代理人の意見を聞いたうえ、当該事件を担当する裁判所が直ちにその弁護士を懲戒することができる。

イタリア弁護士・代訴士法（一九三四年現在）

第一条

何人も職業名簿に登録されない限り、弁護士又は代訴士の称号を取得することもまた、これらの職務を行うこともできない。

第二条

弁護士及び代訴士の職業は区別される。同時にこれらの職業を行うためには、両職の職業名簿への登録を必要とする。

第六条

地方裁判所、控訴院及び重罪院での刑事訴訟における被告人の弁護（活動）は弁護士に留保される。代訴士は民事の当事者を代理することができる。ただし、配属された地方裁判所を含む控訴院及び同支部の管轄区域内の地方裁判所においては、被告人の弁護は、代訴士にも認められる。

第一二条

弁護士及び代訴士は、正義の運用のために呼び出された職務権限の高さに適合するように、威厳と品位をもってその職務を遂行しなければならない。
第一五条
　弁護士及び代訴士の職の執行についての最終の監督権は司法大臣に属し、司法大臣は、直接又は、破棄院長及び検事総長を通じて、監督権を行使する。

コロンビア地区弁護士会を管理するコロンビア地区控訴裁判所規則（一九七七年現在）

前文
　弁護士職業に従事する者につき固有の権限を行使するコロンビア地区控訴裁判所は、裁判所の職権で、コロンビア地区弁護士会と称するコロンビア地区の法律家の団体を設立し、弁護士会の認可を管理する法律上の権限により、弁護士会及びその会員の管理のために、次の規則を公布する。
規則第一
第一条（会の設立）
　コロンビア地区において、法律事務を行うことを認可されたすべての者は規則の定めるところにより、「コロンビア地区弁護士会」と称する団体に組織される。

第二条（目的）
　弁護士会の目的は、司法行政を遂行し、及び改善する過程において、裁判所を支援し、法律事務に従事する者のために公共的奉仕の提供の過程において……その結果、弁護士業の公共的責任を一層効果的に果たすことである。
規則第二（会員資格）
第四条（会費）
　会員は、一年につき五〇ドルを超えない範囲内で会則の定める金額を会費として支払わなければならない。
規則第一〇（職務遂行規則）
　裁判所により修正されたアメリカ法曹協会による弁護士責務典範は、コロンビア地区における法律事務の取扱を規制する基準とする。
規則第一一（苦情及び懲戒規則）
第一条（管轄）
　規則第一三で定めるコロンビア地域内において法律事務に従事している弁護士は、当裁判所及び懲戒に関して設置された理事会の懲戒管轄に属する。
第二条（懲戒事由）
　コロンビア地区における法律事務の取り扱いを許された者は、……当裁判所が採択した及び今後採択する職業上の行為に関する規則に、単独又は他人と共同して違反する弁護士の作為又は不作為は、非行を構成し、懲戒事由となる。
規則第一二（依頼者保護信託基金）
第一条（信託基金の創設）
「コロンビア地区弁護士会依頼者保護信託基金」（以下、基金という。）と称する信託基金を創設するものとする。
第三条（信託基金の目的）
信託基金の目的は、コロンビア地区弁護士会の会員が、弁護士又は受任者として行動（右の者が責任を負う範囲を除く）するに当たり不正行為を行い損失を生ぜしめたときに、本規則により許された及び受託人が適当かつ合理的と認めた範囲内において、損失を補償することにより、法律職業の威厳及び名誉を維持することである。

ニューヨーク州裁判所法（抄訳）（一九九七年現在）
第四章　高等裁判所上告部
第九〇条
1　（略）

2　高等裁判所は、弁護士及び法律事務を行っている者若しくは法律事務を行うことを引き受けている者に対する監督権を有し、上告部の各司法部は職務上の非行、不正行為、詐欺、不誠実、犯罪若しくは軽罪、又は司法運営を侵害する行為について有罪である弁護士に対し、けん責、業務停止又は資格を剥奪する権限を有する。高等裁判所上告部は、法律事務を行うための認可申請に関する情報に虚偽又は隠ぺいがあったことを理由として、認可を取り消す権限を有する。

3　高等裁判所上告部により行われた弁護士に対する業務停止又は資格剥奪は、州のすべての裁判所において業務停止又は資格剥奪として効力を有する。

カリフォルニア州事業及び自由職業法（抄訳）（一九七五年現在）

第三編　自由職業及び職業一般

第四章　弁護士

第六〇〇〇条（名称、引用、州弁護士会）

事業及び自由職業法中、本章は、弁護士に関する章を構成する。本章は州弁護士会法として引用される。

第六〇一〇条（理事会）
　理事会は、二一人の委員で構成する。
第六〇一三条の五（非弁護士委員）
　理事会員のうち六人は、州弁護士会の会員になったことがない一般人又は合衆国内のいかなる裁判所においても法律事務の取扱いを許可されたことがない一般人でなければならない。弁護士でない理事会委員は、知事が上院の同意を得て任命する。
第六〇六八条（弁護士の義務）
　a　合衆国及び州の憲法及び法律を支持すること。
　b　法廷及び司法官に対し当然の敬意を持続すること。
　c　犯罪者を弁護する場合を除き、自己が適法又は正当と認める訴訟、続、若しくは防御を助言し、又は遂行すること。
第五節　理事会の懲戒権限
第六〇七五条（裁判所の権限との関係及び重複）
　本節の規定は、裁判所の懲戒権限に関する第六節の規定とともに、州弁護士に対する懲戒の申立ての審問及び決定についての択一的及び重複的方法を定めるものとする。

第六〇七六条（理事会による職務行為規則）
　理事会は、最高裁判所の承認を得て、州弁護士の職務行為を規制する規則を制定し、施行することができる。
第六〇七七条（規則の効力・違反会員に対する理事会の懲戒権）
　理事会が採択した職務行為規則は、最高裁判所の承認により、すべての州弁護士に対し拘束力を有する。
　理事会は、州弁護士が故意に右規則に違反したときは、当該弁護士を自ら公的又は私的なけん責により懲戒し、若しくは最高裁判所に対し三年を越えない期間、弁護士の業務の停止を勧告することができる。
第六節　裁判所の懲戒権限
第六一〇〇条（資格剥奪又は業務停止の権限を有する最高裁判所）
　弁護士は、資格を得た後に、本説の規定する事由のため、最高裁判所により資格はく奪又は業務停止に付される。

　以上見たように、諸外国の法律家制度では、自治に関して大きく制限が加えられている。
　しかし、いずれの法律家制度にあっても、法律家は自由な活動を行う者と規定されている。

いずれにしても、代理権を認めることと、自治権とは直接関連するものではなく、自治権の存在が代理権の前提ではないことが明らかである。

つまり、自治権がないことを理由に、法律家として十全にその持っている社会的責任を尽くせない等という言い訳は通用しないのである。

また、そのゆえに代理権を認めないという論理も成り立たないのである。

法律家は、すべからく、自らのよって立つ立ち位置を定められているが、日本における法律家、このたびの司法制度改革で明確となった、法律家としての使命を果たすべき責務を負っているのであり、それは代理権の範囲によって左右されるものではなく、自らの責任で、その使命を果たす体制を築きそれを実践すべき立場にある。

以上見てきたとおり日本の歴史の中においても、世界の立法例を見ても、法律家の活動自由の確保問題と、自治権の問題は、別個のものであることは明白である。

司法書士に自治権がないとの指摘自体、司法書士制度についての検証不足を示すものであるが、それは措いても、懲戒権の不存在が司法書士に代理権を認めることの何らの弊害にならならないことは明らかである。

さらに法律家の自治を論じるときには、団体自治と個々の職能の自治とを区分けをして、論じ、それぞれその範囲とその根拠を明らかにされなければならないがこれを明確に整理した議論が行われているとは思えない。

自治は、自らの手で社会的信頼を勝ち取った者のみが語ることができると考えるがいかがであろうか。

六章　自治の必要性、自治の有益性

自治意識が規範意識、自己抑制機能を強化する面があると思われる。他からの強要（法律による規制）による決定ではなく、自己決定に基づく行為のほうが、行為規制がより有効に強力に機能する面があるのではということである。我が国の法律家の自治の現状は諸外国に比して自治の割合が高いようである。自治意識の高揚が、民間活力の有効活用に機能し、もって日本の民主主義の度合いが他の諸国に比して高いのであれば大変に望ましいことである。が、筆者の力量では残念ながらこれを検証する力はない。

改めて、法律家団体の自治権の有用性について触れておきたい。法律家団体に自治権が必要とされるのは、所属する法律家の活動が時の権力に隷属させられることなく、法律家自身の良心に従ってのみ事務が行われることを確保しようとするものであるとされる。

その範囲において、団体の活動も時の権力の不当な干渉を受けることなく行われる必要がある。

しかし、このような団体自治がなくとも世界各国において法律家が国家から独立しながら法律事務を行っている事実は先に指摘したとおりである。

さらに、個々の法律家の自由で独立した事務を行うことを保障することと法律家が非違行為を行ったことを懲戒することは別の次元の問題である。

また、法律家の独立した自由な事務活動の保障が法律家団体にいわゆる聖域を認めるごときことになることまでも認めるべきかどうかについては議論されるべきである。

法律家のみが、特殊であたかも世間から超越した優れた存在であるとされる合理的根拠はないと考える。

法律家の社会的使命をどのように規定するか、あるいは法律家にどのような役割を期待するのかは社会が議論をし、その結果は法律によって定められるべき課題である。

自治権の有無をもって、自由な職務を行えないなどと言って、国家権力と対峙する、あるいは大規模な不正勢力と対峙するのを避けるための免罪符にされてはならないし、してはならない、と考えるがいかがであろうか。

言い訳にもならない言い訳を繰り返すことは惨めな者として社会に映るであろう。

時として自治権がないから云々との声が聞こえてくることに違和感を覚える。自治権の有無の問題ではなく、依頼者の正当利益実現のために最大限の力を尽くし尽くす覚悟が法律家のあるべき基本的姿勢である。問題のすり替えを行ってはならない。

いずれにしても、自治の必要性・有用性を認めるのは社会であり、当該資格者ではない。このことを資格者は明確に認識すべきである。

資格者に自治を認めることが社会にとって有用か否かを社会が判断するのである。

司法書士にも、社会貢献活動が求められ、あるいは期待されていると考えるが、この期待に応えるためには、他からの強制ではなく、自らの意思で社会貢献を決定し、その決定に従い社会貢献活動を行うことが肝要であり、そうすることでより高い効果を上げることが期待できる。

これの顕著な例が、阪神・淡路大震災の際の司法書士市民救援活動の展開であった。

まさに、瞬時に多数の人命を奪われ、都市破壊が起きた。

この事態に対し、誰の要請を受けたからではなく、司法書士の判断で兵庫県司法書士会・近畿ブロック司法書士会の司法書士を中心に、果敢に市民救援活動を展開した。

　全国の仲間が、これに呼応して立ち上がったことは記憶に新しいところであり、この市民救援活動は後に法務大臣表彰を受賞した。

　その後、不幸なことに東日本大震災、新潟県中越地震が続けざまに発生したが司法書士は果敢に救援活動を展開した。

　誰に指示されたわけでもなく、命令されたわけでもなかったが、自らの意思決定に従い、未曽有の危機に遺憾なくその使命を果たしたことは、社会的使命を実践したと評価されたのである。

　この活動に違和感を覚える司法書士はいなかったと思える。

　こうした社会貢献をためらうことなく実践できることはまさに自治の有用性の発露であろう。


　こうした象徴的な出来事ではなくとも、日常的な人権侵害に立ち上がることも自治の効用であろう。

　多くの単位司法書士会、そして多くの司法書士有志による活動の成果として、貸金業法改正運動に完全勝利ともいえる勝利を勝ち得た。

これも大きな社会貢献であるといえるであろう。

資格者は自治の実現を求めるが、それは何のためものか、どのような利益が社会にあるのかを明確に社会に訴える必要がある。

資格者団体に自治を認めることの効用を社会に訴え、その担保を社会に示さなければならない。

その上で、より一層の社会貢献の実践のために必要と思える自治を求めていくべきである。

七章　完全自治論の過ち

あらゆる法定資格制度は、国によって設けられた法制度である以上、その制度の存廃をはじめ、その活動形態・活動領域・活動内容等は最終的には国がコントロールすることとなるのは当然のことであることはこれまで、縷々述べてきたところである。

あらゆる、法定資格制度・組織制度についての見直しの議論に際してはそのつど、資格制度やその資格者の活動が社会貢献に資しているか否か、あるいは国民に害悪をもたらす組織・制度でないかどうかの価値判断評価が行われ、その判断の結果、活動領域に制限が課せられる、あるいは自治権に制限が加えられる、あるいは制度の存続について、あるいは廃絶についても議論が行われるのが当然であると理解するべきである。

司法書士・弁護士・税理士等の法律家制度にあっても、このことは何ら変わるところはない。

問題は、どの程度のコントロールを行われるべきか否かという点にある。

あるいはコントロールを控えるべきかの問題である。

これらの議論の終局は国会での議論となる。

また、いったん認められた自治権ではあっても、そのままの自治を認めることが適切でないと判断された場合には、その自治権を喪失する、あるいは制限を受けることもあり得ることも、今まで縷々述べてきたところからも明らかである。

つまり、自治権の内容・範囲が固定化されているものではないということである。

完全懲戒権を有するとする弁護士会でありながら、弁護士の非違行為を抑制することができない団体である、国民被害の抑止ができない団体であると社会的に判断された場合には、国民の人権保護の見地から懲戒権を弁護士会に認め続ける根拠は崩れ去ることになる、と判断されることも当然にあり得ることである。

さらには、今まで見てきたとおり、懲戒権限は自治権の一部分に過ぎない。

資格者団体の創設、変更、あるいは廃止の判断は、資格者団体の権能ではなく、国会の権能であることは誰であっても異論のないところであろう。

異論があればぜひ拝聴したい。

このことを理解できれば、完全自治論は全く根拠のない無責任論でしかなく、国家資格を標榜しながらの完全自治が必要などという論説は荒唐無稽な論でしかないことが理解できるであろう。

結論を先に述べてしまったが、完全自治権は存在するかについて若干の検討をしたい。

このテーマを検討する前に、完全自治とはどのような自治状態を指すのかを明らかにする必要があると考える。

完全自治とは、その制度の存在、そして制度への入口から、その組織内容・活動形態、組織運用そして出口である制度の廃止までの一連一体のすべてを自らで決定し実行するということであるということもできる。

これを、単純に整理すると、その存在を定め、その存在の消滅までも含めたものでないと「完全」自治といえないのではないだろうかということである。

司法書士制度を例にすれば、司法書士という存在や活動内容を司法書士自らが決めてその行動を決定し、かつ、その制度の廃止をも決定することといえるであろうか。

もちろん純然たる民間団体としては十分に成立し存在し活動をすることはできると思われる（こうした、純然たる民間団体であっては、法人格を認められることも難しい存在である）。

しかし、司法書士界は、民間団体から、法定団体へ（社会的に認知される団体）

との発展を標榜し、先輩諸兄が、その実現のために血の滲むような努力をしていただいて、今日があることは、その歴史により知ることができる。

弁護士会には完全自治権があるといわれることがよくある。

確かに、各弁護士会、日弁連には弁護士法五六条ないし六〇条により会員に対する懲戒権が認められている。

この懲戒権は弁護士会のみが持っておりその限りにおいては自治権の、とある部分を弁護士会が持っていることは間違いないところである。

しかし、繰り返し指摘してきたとおり、自治権には、資格者の権能、団体意思の決定権・団体行動の決定権のほか、会員の身分に関するものがあるが、このうち入会中の非違行為に関する処分権、あるいは会員から排除するという処分権の他にも極めて重要な事項がある。

団体入会者をどのように選択するか、あるいは入会させようとする者にどのような教育を施すのかという権限もそれに含まれる。

しかし、弁護士会にはこの入会者を選択する権限は委ねられてはいない。

さらには修習に関する権限も全く持っていない。

持とうとしているとも思えない。

弁護士志望者の教育はすべて国によって判断された研修内容を履修することとな

っている。

修習のすべては国において行われ、弁護士会が関与するところはない。弁護士が一部分において教員を務める程度では、運営に関与しているとの評価はできない。その修習実施費用もすべて国によって賄われている。

修習生には給与も国からの支給を受けている。

検察官あるいは裁判官志望者に給与を支払うには正当理由があるといえるが、民間人として、個人利益追求を行う弁護士志望者にまで、国が給与を支給する合理的根拠・正当性は全くない。

ここには自治の観念も独立の気概も欠片も存在してはいない。

したがって、一部弁護士による完全自治権の存在の主張については基本的重大部分が完全に欠落した主張であり、完全に誤りであると指摘せざるを得ない。

さらに、自治の根源は自らの存在を自ら規定することに尽きるが、法律上の存在であるすべての資格制度にはそのような議論すら不適当であることは論を俟たないことはすでに述べてきたところである。

前章で見たとおりに、弁護士、あるいは弁護士会についても弁護士法により詳細に自治に関する制度や規定が設けられている。

弁護士の職務範囲も当然ではあるが法によって規定されているのである。

法定団体においては「完全自治」なる考え方そのものが成り立たないのである。社会との合意において初めて当該資格者あるいは資格者団体の自治の範囲が定められるのである。

法律家自治の意味を明確に正しく理解すべきである。

余談になるが、懲戒権がないから権力と対峙できないというのは言い訳に過ぎない。

このことはアメリカのアトニー・アト・ローの活躍が物語っている。

懲戒に関しては、裁判官には弾劾裁判があり、国会議員には選挙による信任がある。検事総長・検事長は内閣による任命であり、法務大臣による罷免がある。

これらの懲戒事由は法律で厳しく定められている。

なぜ、弁護士のみが完全自治ありと誤解されるのか。その主張の正当性・合理性はどこにあるというのか。

全く理解できない。自治に関する理解・認識が浅すぎるゆえの主張なのであろうか。

最後に団体設立強制主義について触れたい。

とある弁護士会での会合で、矢崎元最高裁長官が「法律家団体設立強制について疑問を呈される発言をされた」記憶がある。

団体の設立強制は、自治に関する重要な問題ではないだろうか。日本では、ほとんどすべての資格者が団体設立を強制されている。資格者自治の根源的問題として、団体強制設立・強制加入問題がある。アメリカの法律資格者アトニー・アト・ローには団体設立強制は存在していない。

アメリカ法曹協会・アメリカ法律家協会があるようだが、共に強制加入団体ではないようである。

資格制度は国によって決められるが、その資格者に対して団体設立を強制する制度と、強制しない制度のどちらが好ましいのかは、にわかには判じ難い。が、自治を本気に議論するのであれば、避けて通れない課題であると認識している。

いずれを採用するかどうかの基準は、いずれが国民の利益に貢献できるのかに尽きるとは思われるが、いかがであろうか。

八章　司法書士自治のこれからをどう考える

司法書士界が、現状認められている自治権の範囲を超え、なお自治権の拡大を求めるのであれば、司法書士はどこまでの自治権を求めるのか、その求める根拠はどのようなものであるのかを明確にしなければならない。

単に、他の資格者団体にある自治権を司法書士にも認めてほしいということでは話にならない。

資格者団体が求めることことができる自治権の範囲・限界につき議論をされたことはないと考えるが、あらかじめの議論は不要であろうか、あるいは不能であろうか。

獲得している、あるいは実現できている現在の自治権は、既得権ではないことを自覚しておかなければならないことは指摘したとおりである。

司法書士自治権は、司法書士と社会との信頼関係獲得の上での合意であり、社会との信頼関係の喪失は自治権の減退あるいは喪失につながることを理解していなければならない。

無限に近い自治権獲得を求め続けるのか、それとも合理的と思われる範囲・限界を議論し整理するのか、を問う時期にきているのではないだろうか。

もちろん、求めることの合理的根拠、その有用性・必要性を明らかにする必要があることはすでに明らかにしてきたとおりである。

議論する際には、自己中心的発想は排除し、社会貢献のために必要な自治権の範囲、民間活力の有用性を考慮し、社会の中の司法書士であり続けることを意識する必要がある。

司法書士が取り扱うことのできる、職務範囲に関する規定も自治権に関わることではあるが、司法書士の職務に関する事項は、司法書士法三条において規定され、これらについては原則司法書士の業務独占が認められている。

近時は、成年貢献（巷間、成年後見という言葉が使われているが、成年貢献の本質を見失った結果であり、成年貢献と正しく表記されるべきであるが、以下では、混乱を避けるためにあえて成年後見と表記する）に関する事務、あるいは信託に関する事務も取り扱っているが、これらは、各種資格者法によって、その資格者に業務独占が認められてはいない事務であり、さらに言えば、何らの資格を持たずとも、成年後見事務を取り扱うことに関しては、家庭裁判所の選任があれば特に資格要件はない。

信託に至っては、当事者間の信頼関係が成立すれば、誰でも何の資格を有していなくとも、取り扱える事務となっている。

その面でいえば、これらの職務については自治の範囲外行為といわれる可能性がある。

しかし、そうではあっても、これら分野において、司法書士が非違行為を行えば、司法書士としての懲戒事由に該当することとなると考えられる。

以上の点をも踏まえ、法律家として成熟したとの評価を受けるためにも、自画像を描き切ることも必要なのではないだろうか。

各位の意見を得たいところである。

自治権拡大の意図が自己勢力の拡大のためであってはならない。

こうした諸点を踏まえ、成熟した法律家として、自治を考え、方向性について結論を出す議論を行う時代を迎えているのではないだろうか。

九章　司法書士の進むべき道 ～その果たすべき役割を踏まえて

今まで、司法書士自治を見てきたが、せっかくの機会であるから、司法書士全体を見つめて、筆者なりのこれからの司法書士像を歴史に触れ縷々、描いてみたい。

1　司法書士の社会活動

司法書士は、明治五年の司法職務定制にその誕生を見たが、以来一五〇余年にわたり地道ではあるがその職責を果たし続け、今日、国民の高い信頼を得るに至っていることは再三指摘したとおりである。

しかし、司法書士の果たすべき職責は、社会の仕組みが複雑化し続けることや、不動産所有の大衆化社会、高度消費社会を経て、高度情報社会、超高齢社会の到来に至った今日においては、大きく変容しつつある。

この変容は、司法書士自身の自覚による部分もあるが、多くは国民の期待の変化・社会構造の変化によるものであると思われる。

司法書士の誕生当初の職務内容は裁判所提出書類の作成が中心であったが、戦後、登記事務が裁判所から法務庁に移管されたことを契機に登記事務が主軸となり、さらに不動産所有の大衆化と高度経済成長が進行するにつれその傾向が顕著となった。

その結果、受託事件が裁判事務を中心とする司法書士は少数に限定されていった。

しかし、サラ金地獄（一時期はクレサラ地獄ともいわれた）といわれた社会現象が発生したとき、この被害者救済活動をきっかけとして青年司法書士が中心となり、裁判事務への取組みを実践する司法書士が増加した。

さらに司法書士の裁判事務の取組みの強化を目指した各種の取組み強化を受けて、司法書士全体の裁判事務への再参画が図られつつある。

司法書士の裁判事務からの乖離の原因は一面では司法書士自身の内的要因が多いが、これれに加えて外的要因の存在も無視することはできない。

この外的要因とは、弁護士による弁護士法七二条を楯とした、司法書士の法律事務参画推進への妨害行動である。

簡易裁判所での司法書士代理が容易に実現してこなかったのはこの顕著な現われであり、司法書士法改正にも常に反対行動をとり司法書士が法律家として成長することを妨げたばかりでなく、前述の司法書士によるサラ金被害者救済活動をも弁護士法違反としての妨害を行った。

この結果、遺憾ながら司法書士法の理念を放棄し、この妨害行為に萎縮し、屈した、司法書士も司法書士会も存在した事実がある。

しかし、こうした妨害行為に屈することなく、良心ある、弁護士有志の支えを受けた多くの司法書士によるサラ金被害者救済活動の全国的実践が行われた結果、サラ金被害者の圧倒的な期待が司法書士に集まり、この分野で司法書士が活動することを指弾する弁護士の声をほぼ雲散霧消させることができた。

しかし、残念ながら、国民を甚大な被害遭遇に陥れ、法外の利益を上げようとする輩は、決して消滅してはいない、消滅していないばかりか、高度情報化の先端技術を先取りし、より巧妙さを増して、国民を悲惨な被害に追い込んでいる現状がある。

その手口は国際化し、巧妙化し、姿を捉えにくくなり、被害回復を困難にし、被害者が増大する一方である。

このような事態を目の当たりにして、司法書士がこうした社会問題に取り組むべきは当然であると考えるが、現実の活動は必ずしもそこに大きな力が注がれているとは言い難い実態がある。

ここに法律家全体が反省すべき点がある。

法律家の基本使命は、民主主義社会の実現寄与にある。

民主主義社会の実現には、国民の日常生活の安定が絶対条件として必要である。

日常生活の不安定からは、民主主義社会の実現は生じない。

司法書士であれ、弁護士であれ、社会の隅々にまで法の光、法の力が及び、一人ひとりの国民すべてが、社会から不当な圧力や差別を受けることのない、人が人として生きることができる社会実現に貢献・寄与することこそが法律家の基本使命であり、そこにこそ存在意義があると考える。

法律家はすべからく、自己決定権の実質的実現に貢献すべきである。

一人ひとりの国民が、当たり前のこととして、国民としての権利行使が可能となるには、健全な生活環境が実現できていることが必要である。

法律家は社会に惹起するあるゆる社会事象に興味を持ち、その社会事象が健全な生活環境を破壊するものであればその社会事象の発生を阻止しなければならない。

この意味において、司法書士が取り組むべき社会分野に限定があるとは思えない。

司法書士は、あらゆる社会分野に、社会事象に責任を持って対処していく意識を持つ必要がある。

社会の仕組みが複雑化した上に、不動産所有の大衆化社会、高度消費社会を経て、高度情報社会、超高齢社会の到来、さらには貧困層の拡大と富の一極集中、無責任な自己責任論が生み出す生活弱者の被害多発に至った今日においては、その果たすべき職責が大きく変容しようとしていることを自覚し法律家としての果たすべき役割を実践していく必要がある。

この時代にあっては、司法書士法に書かれている職務を忠実かつ誠実に行うことのみでは限りなく不十分である。

これは社会の変化にも起因することではあるが、司法書士も意識を変化させる必要があることを深く自覚すべきであるといえるし、その自覚は希薄ではあっても深化していると考える。

筆者が、司法書士認可を受け、司法書士業務を開始した頃は、司法書士自身が自覚する社会的責務は、いまだ低いものであり、当時の若手司法書士の活動目標は、法律家としての認知活動であり、代書屋からの脱却であり、いわゆる「臨調」や、時の総評議長の鶴の一声に怯えることのない存在を目指すことにあったといえる。

登記事務は圧倒的に司法書士が行う職務であるとの認識はあっても、いわゆる富裕層に応える存在でしかなかった。

こうしたレベルではあったが、とにかく全国の若手司法書士が集い、互いに研鑽し社会活動を開始したのが全青司であった。

全青司は司法書士界にあって、長い間、異端児視され、全青司活動に参加する者は、司法書士会、あるいは連合会からは毛嫌いされた。

逆に全青司活動に参加する者の司法書士会あるいは連合会への不信は深刻なものがあった。

相互不信と、ある意味敵対関係が頂点に達したのは、公共嘱託登記受託組織を法人とする法改正を推進する連合会の動きと、これに真っ向から反対する全青司の活動であったといえる。

連合会は全青司潰しを目論み、全青司は、連合会の枠組みを超えての反対運動を行った。

結果は、法人を設立する法改正が行われたが、その内容は当初の企図を大きく覆し、各司法書士会、あるいは連合会の活動に無用な悪影響を与えることがないものとしての成立となった。

こうして稀にみる激しい闘争が終焉した翌年、全青司会長を終えた筆者は連合会の常任理事に就任した。この時から、不十分ながらも徐々に連合会の活動が社会性を帯びるものとなった。

しかし、まさに「帯びる」程度であり、法律家の本来的役割を自覚した上での社会活動とはとてもいえるものではなかった。

その後、新人研修制度の確立を経て司法書士の横の連携は強固なものとなり、社会活動は充実の方向に大きく発展した。

さらに、その責務として、社会的弱者、社会の小さな声にも真摯に耳を傾け、抱えている課題解決に市民と共に活動することが求められる。

2　日本の法律家の法ダイナミズムの欠如を問う

ここでは、法ダイナミズムとは法創造性・大胆な発想転換を指すこととする。日本の国の法律家、とりわけ民間分野での法律家弁護士には、現行の法制度や各法律についての解釈、適用活動には優れた業績を見ることができるが、法ダイナミズムが決定的に不足しているように思える。

すなわち、あらゆる社会活動分野において、弁護士界が主導した立法活動が行われた形跡は少ないということである。

つい最近創設された消費者庁も、弁護士界の長年にわたる活動の成果というよりは、当時の自由民主党の発想が国民にも直接的に視点を向けたものとなり、福田総理（当時）の事実上の発案により結実したものである。

弁護士活動の力点は、社会活動や、新たな法創造・立法活動による社会改革を目指すことよりも、旧来の法システムの維持を求める方向にあるように思える。

現に、先頃の債権法改正を主とする民法改正が現実の課題として浮上した際に、弁護士界からは反対の声が一斉に上がったが、その理由として実務家でない学者による立法提言に対する嫌悪感、不快感に根差すものが大半であるように理解された。

本来ならば、自らが日頃の弁護士活動で感じているであろう不合理感を是正するべく立法提言を行うべき立場にありながら、自らは行おうとはしないままに事態を放置しておいて、学者が問題意識をもって、改正提言を行うと、不快感を示すという誠に身勝手な対応しかしていないと考えるのは筆者の間違いであろうか。

弁護士にはダイナミズムがないと指摘した。もちろんなくてもよいという考え方もある。

しかし、実務家の実務経験から感じる社会矛盾の是正、あるいは優れた法解釈実践から得た知識を駆使した新たな社会の枠づくりの提言があることが、日本の社会をよりよくする民間の活力の原動力になると期待することには無理があるのだろうか。

なぜ、日本の弁護士にこのような期待をすることができないのであろうか。

大胆な発想、新鮮な発想のためには、何ものにも囚われない自由独立の立場があることが大前提であり、大胆な発想、新鮮な発想からのアイデアを実現させるためには、大きな社会勢力となる必要がある。

弁護士には、自由独立の立場はないのであろうか。ないのかもしれない。なぜなら、弁護士は、弁護士界等の民間によって育てられるのではなく、国すなわち国家権力によって育てられているからである。

弁護士はよく自由独立を口にするが、根本の新人教育は国によって受けているのである。

カリキュラムも当然に国によって決められるし、司法修習の目標も国によって定められている。

もちろん学費は無償、その上に月額二五万円もの給費をつい最近まで支給されていた（しかし一時期は貸与制となったが、弁護士界のすさまじい努力により給費制が復活している）。

このような状態の中に育つ者に、どこに自由独立があるのであろうか。国によって、丸抱えで育てられているのに、である。

このような者から大胆な発想を求めるのは無理があるのであろう。

仮に大胆な発想が生まれたとしても、弁護士は社会のエリートであり、一般国民とは異なる地位、高みにいる存在である。

一般国民と肩を組んで新しい法体系の創設あるいは、新しい社会システムを作り上げよう等という発想は生まれてはこないであろうか。

この弁護士のエリート意識からは大胆な発想、新鮮な発想が生まれることを望むほうが間違っているのであろうか。

豊かさからは社会変革のエネルギーは出てこないことは歴史が証明するところである。豊かさからは怠惰は生まれ出ても社会改革を実現させるエネルギーは出ることはない。

過去の大きな社会変革のすべてが弱き者、貧しき者の声の結集であり、力の結集であったことを忘れてはならない。

ただし、崇高な理念の下に法ダイナミズムを実現させるために献身的に活動を行う少数の尊敬すべき弁護士の存在は認識している。

つい最近、最高裁判所による優生保護法違憲判決に弁護士の法ダイナミズムの結晶を見ることができたことは極めて喜ばしいことである。

こうした快挙を踏まえても法律家全体としての法ダイナミズムを求めることは不要であろうか。

翻って司法書士の法ダイナミズムは、と自問すると完全に沈黙せざるを得ない。

弁護士には、現行の法制度や各法律についての解釈、適用活動には優れた業績を見ることができるが、司法書士はようやく簡裁代理権を手にした段階でしかなく、とても、現行の法制度や各法律についての解釈、適用活動には優れた業績を見ることができると評価できる段階には至ってはいない。

法ダイナミズムの有無を問う以前の状態である。

しかし、そうは言っても司法書士には弁護士以上に法ダイナミズムを持つ可能性は十分にある。

その根拠は、司法書士は常に国民と共にあり、国民の痛み苦しみを共有できる立ち位置にいるからである。

この立ち位置を否定されるのであれば、どうしようもないが、是非とも司法書士諸兄にはこの立ち位置に立つことを承認・賛同していただきたい。

3　貧困をもたらす主原因は社会環境にある

貧困問題は決して個人責任に帰すことができる問題ではない。

「貧困の存在は社会現象であり、貧困が発生するのは、その社会システムのどこかに欠陥があるからである。

貧困原因の国内要因として、経済不況・劣悪な労働環境・災害・教育の機会の不平等・税制の不平等・負の連鎖等あるいはこれらの複合がある」（喜成清重『貧困——あなたは「貧困」でないと言えますか』一頁）。

この最後の負の連鎖が、子供の貧困問題として現われてきている。

いま行おうとしている子供の居場所づくりは負の連鎖を断ち切り、子供を貧困から抜け出させるための一方策である。

社会的孤立状態から解放し、社会の中でつながりを持って生きることの大切さを体感してもらうことに居場所づくりの意義があると認識している。

現在の教育を受ける機会は、いかにも不平等であるが、子供の居場所づくりは教育を受ける権利実現の第一歩であると考える。

しかし、これは端緒であり、貧困問題解消の活動は、社会全体で立ち向かわなければ決して解消することはできない。

もちろん、遺憾ながら貧困問題は人間の力では抑制できない自然災害によっても発生する。

これは尽きることのない課題であるが、自然災害の発生を想定し、そこから、いかに貧困問題を生ぜしめないかの社会システムは構築できるはずである。

この運動の必要性を法律家は気づき、提唱すべきではないか。

これが法ダイナミズム・法律家法ダイナミズムではないだろうか。

司法書士界のリーダーは社会的使命の具現化に貢献することを真剣に努力されるよう期待する。

一〇章　終わりに

筆者は、司法書士として、四〇有余年生きてきた。

浅学菲才の身でありながら、石川県青年司法書士協議会会長・全国青年司法書士連絡協議会（当時）会長・日本司法書士会連合会会長の職を経験させていただいた。

身は浅学菲才ではあっても、多くの先達、友人、さらに学者の方々、官僚各位との厚誼をいただいたおかげで、それらの職に就けたことに心からの感謝を申し上げなければならない。

何ほどの成果を上げ得たわけではないが、その職に就け、職責を何とか全うできたであろうことは、筆者の大いなる誇りである。


はしがきにて、全国青年司法書士連絡協議会会長・日本司法書士会連合会会長として、幾多の司法書士制度に関する事業、及び司法書士法改正に関わってきたと述べた。

その上で、本小論を著すにあたり、振り返りと、自らの至らなさを想起しながら、自らの司法書士人生と重ね合わせながら、司法書士自治について検証し直しながら、改めて司法書士自治について語り、司法書士を語りたいとの思いに駆られた、とも記した。

活動の中で、自治について突き詰めた議論をあるいは確たる自覚をもった上で、活動をしてきていたのかの疑問と不安が今も残っていた。

その疑問・不安を払拭したいとの思いで本小論を著したのだが、今、この小論を著してみても、何ほどの成果を得ることができたのか、何の成果も得られていないのではないかとの思いしかない。

自治の問題は、筆者一人では解決しがたいほどの深刻な課題のように思われる。読んでいただいた各位にそれぞれ自治を考え、提示していただきそれを勉強したいと思っている。

最後に、筆者の世迷言を書き綴って終わるとしたい。

でき得れば多くの方々からのご叱正を期待するところである。

司法書士諸兄は筆者以上に司法書士制度の発展、さらには永続的存在を望んでいることと思われる。

もちろん筆者も同じ思いであるが、先の短い分、諸兄よりは想いが希薄かもしれない。

司法書士制度の発展・永続的存在をどのようにしたら実現できるのであろうかという問題である。

司法書士制度の未来について不安を訴える声は昔からあった。

筆者が連合会会長に時代にも各単位司法書士会での講演の際に、自分たちの制度はこれから先どうなるのかという不安の声が絶えずあった。

その時は、「どうなるのかを憂えるのではなく『この司法書士制度をどうしたいのか』と考えていただきたい」と応えた記憶がある。

この将来不安については筆者の黄綬褒章受章祝賀会での挨拶を記しておきたい。

東日本大震災の被災者支援を目的として始められた、二四時間三六五日無料なんでも相談『よりそいホットライン』の末端組織の責任者としてボランティア活動を行って改めて感じることは、市民に寄り添って存在し、市民が安心して頼れる法律家が圧倒的に少ないということである。

市民にこちら側へ来ることを促す法律家はいても、市民の中に飛び込み、常に市民と共にいる法律家がほとんど存在してはいないと感じた。

司法書士制度の将来への不安が常に聞かれる。不安の原因は自らの存在についての自信のなさの表れであると言ってもいいのではなかろうか。

司法書士制度が未来永劫盤石であることの保障はあり得ない。

その保障は誰からも与えられることはないことは当然であろう。

その保障は司法書士自身の自覚・行動によってのみ得られることができる。

司法書士制度が、国民にとって必要不可欠な存在であるとの評価が国民から得られ続けることによってのみ司法書士制度は存続し続けることができる。

たとえ、どんなに身近な存在であっても、市民と別の場所にいる司法書士ではなく、市民と共に生きる司法書士を目指していくべきであると考える。

市民と共に苦しみ、市民と共に喜び合う、市民との間に、何ものをもってしても抜きがたい信頼関係を築くことこそが肝要であると考える。

そして、このような考えを普遍化・共有できる法律家は司法書士のみであると確信をしている。

現役の司法書士各位には、役職引退者の言葉ではありますが、折りに触れ思い起こしていただければ幸いである。

すべての資格制度の存廃は法律に定めるところによることは言うまでもないとこ

ろである。

すなわち、国民の支持と期待を得ることができるか否かにすべてがかかっていると考える。

国民は自らの役に立つ存在についてのみ支援をしてくれる。当然のことである。資格者の都合を優先させて、国民の都合を二の次にしか考えない資格者はいずれ国民の信頼を失うこととなることは言うまでもないことである（法的需要が満たされてはいないにも関わらず、例えば、仕事がなく、食べられないから人数を減らせという主張）。

こうした姿勢は、人権の担い手である法律家に特に厳しく問われるべきである。

もちろん一人の司法書士が、すべての社会事象に注意を払いかつ適切な対応をとる等ということはあり得ない。

司法書士法に書かれている職務範囲や、司法書士法施行規則で司法書士が行うことができると定められている範囲を個人ですべて網羅することも至難の業であるといえる。むしろできないと割り切ることのほうが実際には理に適っているといえる。

ここで期待されるのが司法書士会あるいは日本司法書士会連合会等の集合体であ

る。

会員司法書士の英知を結集し、様々な社会事象に絶えず気を配り、求められる活動を行っていく体制を全国で洩れなく作り実践していくことが求められる。

法律被害予防及び救済については法律家の責任であることを自覚しなければならない。

法律被害とは、法律の悪用に起因する被害をいうが、立法の不備による被害や、不作為立法による被害もある。

振り込め詐欺被害は増え続けるばかりで、とどまるところを知らない。

悪質商法は次から次に手を変え品を変えて社会に凌駕している。

しかし、国民からは一向に法律家に対する非難の声は起きてはいない。

「非難されていないから、大丈夫」では決してないのであり、つまりは、所詮法律家は、国民から期待されてはいないのが実態であるということを正しく理解しなくてはならない。

法律家は、常に社会状況全般に気を配り、国民を食い物にする勢力と闘い、必要であれば立法を求める活動をする義務がある。

司法書士についていえば、司法書士法に書かれている職務を果たすことは当然として、それに加えて前述の社会状況全般に気を配り平穏な国民生活を法律家として守るべき責任があると自覚すべきである。

このことが実現できれば、司法書士の将来を憂うることなど、欠片も必要なくなる。

国民が司法書士を必要としてくれるからである。

市民の中に、特に生活弱者といわれる市民の中に、しっかりと信頼の根を深く深く生やすことこそが、何があっても生き残れる司法書士実現の大前提であると考える。

【著者紹介】

喜成清重（きなり・きよしげ）

略　歴

昭和48年　東洋大学法学部法律学科卒業
昭和50年　喜成司法書士事務所開業
昭和52年　石川県司法書士会登記研究委員（～昭和56年）
昭和54年　石川県青年司法書士協議会会長
昭和56年　石川県司法書士会倫理委員
　同年　　　同　　　会則検討特別委員会
　同年　　　同　　　経理部長理事
　同年　全国青年司法書士連絡協議会副会長
昭和57年　日本司法書士会連合会中部ブロック会経理担当理事
　同年　石川県司法書士会総務部長理事
昭和59年　全国青年司法書士連絡協議会会長
昭和60年　日本司法書士会連合会常任理事（～昭和62年）
昭和62年　　同　　　　副会長（～平成5年）
平成7年　　同　　　　会長（～平成11年）
平成11年　　同　　　　名誉会長（～現在）
平成15年　　同　　　　司法書士倫理策定員会委員長
平成16年　法3条認定司法書士

社会活動歴

平成15年　北陸三県クレサラヤミ金商工ローン対策会議代表幹事
平成18年　全国クレサラ問題対策協議会常任幹事
平成21年　貧困のない健全な市民社会をつくる北陸会議代表幹事
平成24年　社会的包摂石川サポートセンター代表
平成25年　北信越社会的包摂サポートセンター代表代行
　同年　特定非営利活動法人ささえあい絆ネットワーク北陸代表理事

審議委員等　※（　）内は所管官庁・主務官庁

民事行政審議会委員（法務省）
不動産適正取引推進機構評議員（建設省）
民事紛争処理研究基金評議員（文部省）
日弁連法務研究財団評議員（日本弁護士連合会）
東洋大学評議員（学校法人東洋大学）〔現職〕

著作関係

・『中・高校生のための法律ガイド』（民事法研究会）
・「不動産登記制度を中心とした司法書士制度前史」埼玉訴訟研究会編『司法書士と登記業務』（民事法研究会）
・「現代社会に果たしている司法書士の役割」黒木三郎先生古稀記念『現代法社会学の諸問題(下)』（民事法研究会）
・「在野法律家の役割」黒木三郎ほか編『社会と法』（法律文化社）
・「司法書士制度」鎌田薫ほか編『新不動産登記講座(7)各論(4)』（日本評論社）
・「司法書士制度概説」幾代通＝浦野雄幸編『新編不動産登記法(5)』（三省堂）
・「司法書士の道」黒木三郎先生傘寿記念『旅する法社会学者』（東京紙工所）
・司法書士倫理研究会編『注釈司法書士倫理』（日本加除出版）
・『中・高校生のための法律ガイド〔第２版〕』（民事法研究会）
・『いつまでサラ金とつきあいますか』（日本加除出版）
・『光る小石』（日本加除出版）
・『貧困』（日本加除出版）
・『トラブル回避！　中・高生のための法律ガイドブック』（日本加除出版）

主要出席行事　※（　）内は招待者

平成元年２月24日　昭和天皇・大喪の礼（内閣総理大臣／宮内庁長官）
　同年４月20日　観桜会（内閣総理大臣）
　同年11月13日　園遊会（天皇皇后両陛下）
平成７年９月６日　福田元内閣総理大臣国民葬（内閣・自民党民主党）
　同年12月18日　戦後50周年記念する集い（内閣総理大臣）
平成９年５月20日　参議院50周年記念式典（参議院議長）
　同年６月24日　最高裁判所50周年記念式典（最高裁判所長官）
平成10年12月20日　世界人権宣言50周年記念式典（内閣総理大臣）
平成12年４月　観桜会（内閣総理大臣）

賞　罰

平成３年５月25日　金沢地方法務局長表彰
平成９年５月24日　石川県司法書士会長表彰
平成12年５月20日　名古屋法務局長表彰
平成23年６月23日　法務大臣表彰
平成25年５月15日　黄綬褒章受章

司法書士自治を考察する

2024年12月13日　第1刷発行

著　者　喜成清重
発　行　株式会社　民事法研究会
印　刷　藤原印刷株式会社

発行者　株式会社　民事法研究会
〒151-0013　東京都渋谷区恵比寿3-7-16
[営業]TEL 03(5798)7257　FAX 03(5798)7258
[編集]TEL 03(5798)7277　FAX 03(5798)7278
http://www.minjiho.com/　info@minjiho.com

落丁・乱丁はおとりかえいたします。
ISBN978-4-86556-655-0
カバーデザイン　関野美香